湖北大学高水平研究生教材建设项目成果
湖北大学专业学位研究生案例库建设项目成果
西华师范大学文学院三全育人项目成果

国际中文教育教学案例解析

主　编　邱庆山　王秀云
副主编　马晓娟　殷思琴　王宇缙　孙　芊

世界图书出版公司
广州·上海·西安·北京

图书在版编目（CIP）数据

国际中文教育教学案例解析 / 邱庆山，王秀云主编 .
广州 : 世界图书出版广东有限公司, 2025. 2. -- ISBN
978-7-5232-1903-4

Ⅰ . H195.3

中国国家版本馆 CIP 数据核字第 2025GW0737 号

GUOJI ZHONGWEN JIAOYU JIAOXUE ANLI JIEXI

国际中文教育教学案例解析

主　　编：邱庆山　王秀云
责任编辑：程　静
装帧设计：郑妍妞
出版发行：世界图书出版有限公司　世界图书出版广东有限公司
地　　址：广州市海珠区新港西路大江冲 25 号
邮　　编：510300
电　　话：（020）84453623　84184026
网　　址：http：//www.gdst.com.cn/
邮　　箱：wpc_gdst@163.com
经　　销：新华书店
印　　刷：广州市迪桦彩印有限公司
开　　本：787mm × 1092mm　1/16
印　　张：13.25
字　　数：239 千字
版　　次：2025 年 2 月第 1 版　2025 年 2 月第 1 次印刷
国际书号：ISBN 978-7-5232-1903-4
定　　价：52.00 元

前　言　PREFACE

案例教学（case-based teaching）是一种基于教学案例的教学方法。这种教学方法旨在创设一种“问题情境”之器，而不是提供唯一正确的“问题解决”之道。20世纪20年代，这种教学方法由美国哈佛商学院（Harvard Business School）最早倡导，当时所选用的教学案例都是来自商业管理的真实情境或事件。这些案例教学的实施培养和发展了学生参与课堂讨论的主动性和积极性，教学效果显著。后来一晃半个多世纪过去，直到20世纪80年代，案例教学才在教师教育领域被得到重视。1986年，美国卡耐基专门工作组（Carnegie Task Force）在报告书 *A Nation Prepared: Teachers for the 21st Century*（一个有准备的国家：面向21世纪的教师）中特别强调案例教学法在教师教育课程中的价值，并将其视为一种有效的教学模式。时间流转到20世纪90年代，我国也开始注重案例教学。早期，管理学、法学、医学领域的案例教学发展较快，成效也较突出。近年来，国际中文教育领域的案例教学也在快速跟上。案例教学的生动实践告诉我们，案例教学法创设的“问题情境”之器，本身就蕴含着丰富的“问题解决”之道，案例教学本质上是“道器同传”的。

案例教学有一个基本的假设，即学习者能够通过发现与研究这些教学管理过程来学习，且在必要时能唤醒并应用相关的知识与技能。为使案例教学更有效，必须提高学习者的参与度，提高他们对案例分析的有效性，让他们愿意且能够分析案例，并进行沟通且坚持自己的立场。在传统的教学方法中，教师只是很有学问的人，他们扮演知识传授者的角色，传达定义清晰的问题答案，而不寻找定义模糊的问题答案。而案例教学的教学情境丰富，注重双向交流、启发式教学和能力获取，不搞“填鸭式”教学，教师在其中扮演着设计者和激励者的角色，他们鼓励学生积极参与讨论，让学习者自寻答案，通过问题引导和鼓励学习者独立思考。在案例教学中，思考是学习过程的关键，而传统的教学方法缺乏情境且为单向传授，只重知识传递。

案例教学法实施的前提是要有教学案例。教学案例是指能有效满足教学需要，经认真选择、深入调研、客观记述、精心编写而成，反映具有一定代表性的真实情境或事件，可以作为教材的文字材料。它是对一个具有教育意义的实际情境的描述，讲述的是一个故事，叙述的是这个故事产生、发展的历程，是对社会各领域内具有教育意义的现象的动态性把握。教学案例可以使学习者在对情况进行个人分析的基础上，提高面对不确定结果的抗风险能力。

教学案例遵循的基本原则主要有 4 个：

一是功能性原则。教学案例需要紧密结合教学需要，促进学生对相关理论、知识的学习，着重于解决问题，切实培养学生的实践能力。能够成为教学案例的事件，必须包含问题或疑难情境，也可能包含解决问题的策略和方法。

二是真实性原则。教学案例需要选择真实发生的内容，并辅以更多资料，反映事情发生的过程与细节，呈现更多案例相关者的想法。教学案例是真实而又具有教育意义的典型事件，必须具有典型的教育意义，能给学习者带来一定的启迪。它与故事之间的根本区别：故事是可以杜撰的，而教学案例是不能杜撰和抄袭的。它所反映的是真实发生的事件，是各种事件的真实再现。

三是叙事性原则。教学案例的文本叙述不能太概括、太抽象、太理论化，要有细节、有情节、讲故事、可读性强。教学案例和学术论文是有区别的。学术论文以说理为目的，以议论为主，而教学案例则以记录为目的，以记叙为主，主要是叙述和说明，也就是说，教学案例是讲一个故事，并通过故事来说明道理。学术论文的思维方式是从抽象到具体，以演绎为主，而教学案例的思维方式是从具体到抽象，以归纳为主。

四是冲突性原则。不同的人对观点和做法的理解有差异，教学案例要有启发性、思考性，能够引发讨论。教学案例和教学实录对教学情境都有描述，但是教学实录是有闻必录，而教学案例则有所选择和提炼。所谓选择和提炼主要就是设置冲突环节，以及展示冲突的解决过程。

总之，教学案例是经过精心筛选、组织和编制的教学素材，为案例教学做准备；案例教学是以教学案例为基础的教学方法，开展案例教学，必须开发教学案例。正是基于这样的认知理念，我们组织编写了这本《国际中文教育教学案例解析》。国际中文教育离不开教育教学管理，教育教学管理案例本质上也是教学案例的一种，因此，本书收录了许多具有教育意义且真实典型的教育教学管理案例。总之，本书中我们使用的“教学案例”是一个广义的概念，包括教育教学管理案例。

我们知道，一个完整的教学案例，应该包括三部分内容：一是故事或情境；二是焦点或问题决策；三是理论或准则。教学案例文本自身主要呈现前两部分内容，而第三部分内容是内隐性的。因此，教学案例制作者应像作家一样，讲好情境故事；像记者一样，报道好问题焦点和决策；像学者一样，分析好相关的理论和准则。基于教学案例这三部分内容及其相互之间的内在逻辑关系，我们统一按照四个板块来制作每一个案例，四个板块分别对应四个学习阶段，具体说明如下：

案例正文：供使用者完整阅读掌握案例，对应整体学习阶段。

案例分析：供使用者深入分析理解案例，对应解剖学习阶段。

分析拓展：供使用者举一反三拓展案例，对应扩展学习阶段。

拓展思考：供使用者思考问题升华案例，对应产出学习阶段。

我们相信，案例库建设与案例教学，不只是教学内容、教学方式的改变，更是涉及教育观、知识观、教师观、学生观、管理观等一系列观念的整体变革。案例库建设与案例教学，也不只是涉及学生培养质量提升的问题，更是涉及中国教育整体质量与所有学生幸福成长的问题。

我们相信，尽管这本案例集只是国际中文教育大海里的一朵小浪花，但这朵小浪花能够让本案例集的使用者在阅读中自然而然地获取知识、提升能力，增强国际中文教育的使命意识，助力国际中文教育目标的实现。如此，乐莫大焉！

王秀云

2024 年 5 月 16 日

目 录 CONTENTS

案例 01 “尴尬”的第一节课

教学地点：尼泊尔　教学对象：初级水平小学生

我一走进教室，学生便齐刷刷投来好奇的目光。这是我第一次和 6B 班的学生见面。“同学们好！”我用汉语跟学生们打招呼，“老师好！”尼泊尔的学生们熟练地用汉语回应我。

上课伊始，我就给每位学生分发了一张小卡片，卡片上的内容都来自《快乐汉语》第一册的主要句型，包括“王老师喜欢苹果”等等关于我的个人信息。我要求学生根据卡片上的图画内容，自己组织语言并用适当的句型表达出来，所需的词汇也需要自己根据图画内容来选择。卡片上的汉字都有拼音标注。学生们全神贯注地看着手上的卡片，有的在嘴边念叨起来，有的与同桌讨论起来，教室顿时一片喧哗，一种不好的预感让我感到有些焦躁。

在我的要求下，第一位腼腆的男同学吞吞吐吐地说出了卡片上的信息，“王老师喜欢（这几个字都有拼音）——”声音戛然而止。只见这位男生挠挠头，弯下腰去请教同学。我察觉到他不会说“苹果”，于是拿过他手中的卡片就开始教全班同学学习“苹果”一词。有几位学生顿时反应过来，想起了“苹果”怎么表达。接着我请了第二位同学，一位大眼睛的女生。她念着卡片上的句子“王老师今年——”声音又停止了，她指着“24”这个数字直接问我怎么说。我又当着全班人教了一遍，并问大家这句话是什么意思。谁料一片沉默，我只好用英语解释了一遍。当第三位同学站起来时，同样的情况又发生了，这位同学只会根据拼音念出句子的前半部分，后半部分根本不会说，就连一个“狗”字也想不起来。此时一些学生也有些躁动不安。我顿时意识到，这个环节必须停止。

紧接着，我将“我叫……”“我喜欢……”这两个句型先写到黑板上，然后再教学生，并让学生们利用这两个句型来简单地介绍一下自己，可是学生对句型后半部分的补充内容依然感到很茫然，有时候知道内容但不会用词，有时候用的词令人哭笑不得。整一节课我都在匆忙地解释，不停在学生中间穿梭，纠正这个又示范那个，匆忙又焦躁。下课前的五分钟内，我匆忙地说了一下班规和奖惩措施，最后结合一张图片，匆匆向同学们介绍了中国民族乐器葫芦丝等文化内容，并现场为他们表演了一曲《友谊地久天长》，学生们很高兴，教室里一片掌声。我在这掌声中还是感觉到一丝丝尴尬。

案例分析

俗话说，万事开头难，教师在准备开学第一节课时需要格外用心、用功。具体来说，这位教师主要考虑了三点：（1）了解六年级学生的中文学习情况。（2）制定班规，明确上课要求。（3）增进师生感情，培养学生中文学习的热情，并因此将课堂教学环节设计成了三个部分：学生介绍老师、学生介绍自己、老师介绍中国文化。设计的内容和教学目标是一致的，教师也在尝试创新教学环节。

但是由于该教师缺乏经验，课堂环节设计存在以下两个问题：

1. 教师想通过学生介绍老师的新颖活动来进行自我介绍，并从中了解学生情况，但此处设计显然不成功，因为教师高估了学生的汉语水平，导致学生觉得困难、无趣。学生能够读出卡片上用拼音标注的汉字，但是需要记忆和思考的内容却全然不会。教师在备课时应该有针对此种情况的设计和预案。特别是对完全不了解学生情况的第一节课，课堂设计的“弹性”空间一定要大，设计的方式和方案可以多样化，设计的内容难度要能体现出梯度性，能够有效反映不同学生的水平。

2. 课堂环节的时间分配不合理，前面自我介绍和学生介绍耗费的时间过多，而能够增强学生对中国文化兴趣的部分却只花了 5 分钟，显得很仓促。学生可能会有很多思考和问题，来不及深入了解就下课了。好在，教师在察觉第一环节的问题后及时调整，在自我介绍的同时帮助学生复习相关表达，并用“学生自我介绍”的方式简单操练，从中及时了解学生学情等信息。

针对本节课而言，可以有以下的改进措施：

1. 备课要有充分的预设。每个环节都要考虑到学生可能出现的异常情况，以及作为教师据此需要采取的行动。教师可以将课堂教学设计的三个主要环节中可能出现的情况提前写在纸上，列好处理办法，提前做好功课。此外，教师不妨在上课前先找个别学生私下了解一下该班级的中文学习情况再备课。

2. 问题设计的难度要有层级性，要能够适应不同水平的学生。第一节课设计的内容不宜过多，否则很可能完成不了，即使完成了，也显得仓促，教学效果不会很好。

3. 课堂规则和奖罚措施要在一开始申明，否则学生记忆不深刻，配合没力度，还会为今后的班级管理埋下隐患。

分析拓展

对于教师而言，开学第一节课的主要作用在于为今后的中文教学打下基础、打开局面。为此，教师要想尽办法去了解包括汉语水平在内的学生学情，为今后的中文教学大纲制定及内容和进度安排提供依据。特别是在尼泊尔这种欠发达的国家，中文教学资源有限，常常是一个教师负责该校所有班级的中文课程，所有教学大纲、教学内容、教学进度以及教学测试都由教师自己决定。因此，如何在短短 40 分钟内及时而准确地了解学生的汉语水平尤为重要。除了与学生进行有效沟通外，教师还可以通过丰富的课堂环节来准确捕捉相关信息。

本案例中的课堂教学设计的确有不少纰漏，需要进一步思考，作出优化调整。建议教师按照已有的教学大纲，以一个话题为线索，将不同句型和词汇都插入进来，并设计不同难度等级的问题，以灵活多样的方法对学生进行全面考察。比如可以设计一个含有“信息差”的游戏，设计一份有趣的调查问卷等，这样可以在活动中考察学生的水平等学情，挖掘有潜力的学生，因材施教。

拓展思考

1. 在海外教学，上第一节课前，应该做好哪些方面的准备？

2. 你提前给学生们起了中文名，在第一节课时告诉了他们各自的中文名。有一位女孩子说她不喜欢这个名字，让你现场想一些别的名字。这个时候你应该怎么办？

案例 02 既要教子一艺，也要赐子一名

教学地点：巴西　教学对象：成人初级班

对中文初级班的学生来说，他们拿到第一本中文教材时是无比兴奋与喜悦的。这种兴奋与喜悦是肉眼可见的。我想，如果此时再给他们各自起一个中文名字，他们又会有何反应呢？

第二节课上，我就讲解了中国人和巴西人的名字区别，要求大家各自起一个中文名字。我本以为学生们对中国人的名字是很感兴趣的，没想到他们却对书本上音译的葡语名字“米格尔、卡米洛、保罗”等更加兴致勃勃。

葡语版教材《当代中文》的扉页上就印有几张人物图片，下面对应着教材中涉及的很多人物角色的名字。有好几个学生翻开书指着扉页上的人物名字笑着对我说：“老师，这些葡萄牙语名字好有意思，你能告诉我们怎么读吗？”我之前没有注意到音译人名发音和源语发音间的差异如此微妙，竟然会使学生们产生如此浓厚的兴趣。学生们这样一问，我也感觉这些音译名字挺有意思的。我原计划把教学重点放在中文名字内涵的教授上，但现在我就顺势用粉笔在黑板上写出了一些很常见的音译名字：Miguel 米格尔、Camilo 卡米洛、Paulo 保罗、George 乔治、Daniel 丹尼尔、Bruno 布鲁诺、Fernanda 费尔南达、Mike 麦克、David 大卫、Victor 维克多、Ana 安娜……我给学生逐一教授了这些名字的中文发音，他们都跟着读，跟着模仿，一边读一边笑，因为学生们觉得他们熟悉的葡语名字被音译成中文后，发音都很奇怪。他们越读越有兴致，以致我的课堂重点完全偏移了。

课间休息时，一个学生很开心地跑到我跟前问我：“老师！老师！您看看我的名字用汉语怎么说？”我一看他的名字是 Anderson，这和英语名字是一样的，还算常见，音译成中文并不难。我灵机一动，告诉他：“你的名字我们用汉语说成‘安德森’。”他听到后很开心，我也瞬间松了一口气。幸好这名学生叫 Anderson，如果换成一个叫 Gabriel、Guilherme、Rafaela、Claudia 等的同学，我

可能一时半会儿还真想不出来对应的中文名字。于是我决定，下节课要给每一个学生起一个地地道道的中文名字，姓在前、名在后的那种中文名字，让我的课堂回归重点，也让同学们充分理解中文名字的深刻内涵。

案例分析

国际中文教学过程中，“起名字”一定是必备的环节。起名字的活动不仅能让学生对新语言产生一定的亲切感和归属感，还能让学习者以最快的方式体验目的语，增强学习兴趣。案例中的教师正是以取名字的方式带领学生开启了中文学习之旅。

该案例呈现出一个有趣的语言现象：中文初学者对同一个名字的本国语和汉语发音差异有着浓厚的兴趣。课堂教学中，中文教师也敏锐地发现了这一点，没有为了完成教学进度而草草应付学生，而是做到了以学生为中心，满足学生对两种语言发音区别的好奇心，并顺着学生的兴趣进行讲解。这是十分难能可贵的，也符合国际中文教育应坚守的以学生为主、教师为辅的中文课堂教学基本原则。

该案例同时还反映出一个更深层的问题——课堂管理。在发现学生对名字的音译区别产生强烈的兴趣后，中文教师的处理方法是选择多个葡萄牙语常用名，一一书写下相应的葡语和汉语并带领学生一起朗读。虽然这顺应了学生的兴趣，也最大限度地满足了学生的好奇心，但也正是由于这样的方法单纯地顺着学生走，导致教师处于一个十分被动的状态，甚至出现了偏离教学重点、影响教学进度的问题。

因此，在教学过程中，教师首先需要做好教学设计，对一些可能出现的状况尽量考虑周全，同时也需要灵活处理课堂教学中遇到的意外情况，合理地协调安排课堂时间，真正发挥出教师掌控课堂和引导教学进程的主导作用。例如，面对这种突发状况，教师可以适当列举两三个汉语音译葡语名字的例子，带领学生朗读并体会。接着告诉学生，葡语和汉语的名字不仅在发音上有一定区别，而且在文化内涵上也会产生一些变化。此时，一定要把握好时间，不可恋战，然后就可以继续对本节课的教学重点进行讲解。将学生对发音区别的兴趣转移到文化区别上，不仅能够满足学生对发音的好奇心，还能将教学内容带回正轨。

分析拓展

在国际中文教学过程中，我们一直希望创造一个以学生为主、教师为辅的中文课堂。但是，处理学生和教师的主辅关系一定要适度。课堂教学中，如果一味迎合学生的喜好和兴趣点，会使教师处于被动位置，被学生牵着鼻子走，也容易偏离真正的教学重点，最终影响教学进度和教学效果。正如本案例中所描述的那样，中文教师在迎合学生对中文名字发音的好奇心后，由于没有重新主动把控课堂节奏而被学生的兴趣带偏，并忘了该课的教学重点。相反，如果一味进行知识讲解而忽略学生的真实需求，也会使课堂气氛压抑、枯燥，达不到预期的效果。

本案例描述的课堂就是一个教师努力实现“学生为主、教师为辅”的课堂。课堂教学过程中，在保证知识传授的同时，努力践行以学生为中心的理念是值得表扬的。通过该案例的描述，我们可以发现，这是一堂轻松愉快的课，学生们在中文学习中找到了乐趣，为以后的中文学习打下了良好的兴趣基础，这的确是我们希望达到的课堂氛围和教学效果。但是，中文教师最该认真思考的问题是：如何在满足学生的兴趣和好奇心，不打击他们的积极性，最大程度发挥他们的自主性和创造性的同时，还能收放自如地进行课程教学，将课程进度和教学重难点安排得恰到好处？换句话说，如何把控学生和教师在课堂教学中的主辅关系和角色定位，并演好各自的角色，这是一门非常重要的学问，值得我们不断实践、不断探索。

拓展思考

1. 教师实践性知识是教师在教学实践中使用或表现出来的对于教学的认识，它融合了教师个人的观念、技能、策略、情感等因素。请结合案例说明你对“教师实践性知识”的理解。

2. 怎样才能给外国学生起一个好的中文名？

3. 如何向外国学生简要介绍中国的姓名文化？

4. 俗话说：“赐子千金，不如教子一艺。教子一艺，不如赐子一名。”你觉得这句俗语有道理吗？为什么？

案例 03　因材施教保公平、促发展

教学地点：巴西　教学对象：初级水平学生

我任教的中文初级二班一共有 6 名学生，其中高中生 3 位，初中生、本科生和硕士研究生各 1 位。初中生是个 13 岁的小女孩，年纪小但很认真。3 位高中生因为平时忙于高考，对中文学习投入的精力有限，所以成绩并不太出众。本科生和硕士生都就读于圣保罗州立大学。本科生是一位攻读教育管理专业的女生，很积极也很主动。硕士生是个 23 岁的年轻人，他是班上成绩最好、学习最积极、学习能力最强的学生。这位研究生希望能学好中文，将来去中国工作。

总之，全班 6 名学生，所处学段、年龄、受教育水平、学习动机等都不太一样，学情比较复杂。他们都想取得良好的中文成绩，彼此之间一直都在暗自较劲。因为学生水平参差不齐，所以课堂教学管理对我来说是一个较大的挑战。

该班的课程一般下午两点开始，这个时间段对初、高中的学生来说不太友好。因为他们早上需要早起上早课，下午又要继续学习中文，所以他们比较疲倦，精神状态远远不及本科生和硕士生那么好。另外，他们也比较害羞。

在互动问答环节，为了避免一对一的点名提问可能造成的尴尬，我一般都采用齐问齐答的方式。每当问完一个问题，那位坐在第一排的硕士生都能对答如流，有的问题还能抢答，表现得十分出色。但是随着时间的推移，我明显可以感觉到课堂气氛的尴尬。7 个人的教室，大部分时间都只有我和那位硕士生互动问答，偶尔那位本科生也回答几句，而那 4 位初、高中生几乎完全没有参与互动。起初我通过表扬那位积极主动参与答题的硕士生来激励其他人发言，然而并没有达到预期的效果。后来我决定下课后找那几位初中、高中学生交流一下。

下课后，我把他们几位叫到一起，问道："同学们，你们平时的课程很多，一定很累吧？你们上完了自己的学科课程还要继续学习中文，确实很不容易。但是既然选修了中文这门课程，就要坚持下去哦！一定要打起精神，参与到老师设计的活动中来啊！" 那几位初、高中学生听到我的话后，都流露出懊恼的情绪。

他们感叹道："老师，不是我们不愿意参与，是那个第一排的同学（指那个硕士生），他实在是太聪明了！每次您问的问题，我们还没来得及想，他就把答案说出来了！几乎每道题目他都抢答，一点都不给别人答题的机会！"

听到他们这样说，我才恍然大悟。原来这个问题不能责怪学生啊，这明显是我课堂管理不科学造成的问题。我没有充分考虑到班级学生汉语水平参差不齐的现状，也没有制定出一个较为合理的课堂问答竞争机制，到头来挫伤了这些初中生和高中生学习中文的积极性与自信心。

后来的课堂上，我改变了以往齐问齐答的方式，注重因材施教，采用一问一答的计分制方式，对不同的学生问不同的问题，提高互动问答的针对性。我告诉大家说："同学们，今后大家在课堂上对每一个问题的回答都是要计入个人平时成绩的，你们每一位同学都有平等的机会回答问题，你们每个人都要参与其中。当我问到别的同学问题时，即使你已经知道答案了也不要说出来，可以在心里默默回答。因为一旦说出来，不仅会干扰别的同学回答问题，这一题的分数也属于别人，最终还会影响自己的成绩！这是我们保证课堂互动问答机会均等、成绩公平公正的基本方法，请大家遵守。"

改变了齐问齐答的方式以后，我问的每一个问题都是有针对性的。问初中生和高中生的问题相对简单，提高他们的参与度、增强他们学习的自信心。问硕士生和本科生的问题比较有挑战性，意在让他们感觉到中文的博大精深，有效避免了他们的过度自信。

案例分析

案例中，教师通过发现问题、分析问题、解决问题的"三步工作法"，成功解决了课堂教学实践中，因学生汉语水平差异较大而存在的学习机会不平等的问题。整个案例以时间线为轴，可分为三个部分，每个部分都有值得探讨和学习的地方。下面让我们来逐一分析。

1. 发现问题。案例中的教师十分细心且富有责任感，非常了解班上 6 位学生的情况。无论是学生的年龄、学历、兴趣还是学习目的，该教师都一一牢记心中。我们知道，了解学生情况不仅有利于拉近教师与学生的关系，更有利于教师在备课中设计一些迎合学生兴趣的教学内容，选择更为恰当的教学方式，帮助学生学习。

了解学生的基本情况后，教师发现学生的课堂表现也因其年龄和学历等的不同而显得参差不齐。例如，在集体齐问齐答环节中，高年级的学生表现得更加外向，常常积极主动地回答问题；而低年级学生则显得害羞、被动，在下午甚至更容易昏昏欲睡，状态不佳。这些不同的课堂表现看似由学生自身状况的差异导致，实际上跟教师的教学方法和课堂教学管理密切相关。该教师所使用的教学方法不仅没有将这些差异缩小，反而将其放大了。如果对这样的问题置之不理，长此以往，积极的学生可能会更加积极，而害羞内敛的学生则会更加害羞和内敛，也会更加消极。这样一来，两极分化只会愈加明显，课堂氛围和教学效果都会变得更差。

2. 分析问题。在发现学生课堂表现差异较大之后，该教师在课后立刻向初中和高中学生了解情况。通过与学生的沟通，该教师意识到除了年龄和性格的差异外，学生的应变能力、理解能力也在影响着他们的课堂表现。一般情况下，本科生和硕士生的应变能力、理解能力、心理成熟度都高于中学生，因此，在不同状况的学生混合组成的课堂上，本科生和硕士生更倾向于表现自己，更容易与教师互动，能比中学生更快、更准确地学习语言知识。该教师在课堂上一直使用齐问齐答的方式进行操练和互动问答，忽略了不同年龄和年级学生之间的差异，对低年级和性格内敛的学生来说是一种不公平。经过分析，该教师了解到问题的根源在于其选用的教学方法不科学。

3. 解决问题。在发现问题的根本原因之后，该教师立刻更改了自己的教学方法，采用了更有效、更公平、更有竞争力的“一问一答”计分制。这让每一个学生都有平等回答问题的机会，在一定程度上也保证了教学的公平性。与此同时，教师也有充分的机会去选择与学生水平相对应的问题让学生进行操练。这不仅使高年级学生有了更高难度的操练机会，也保护了低年级学生的自信心和积极性，更有效践行了孔子所倡导的“因材施教”理念。该教学方法最大的亮点是计分制原则。这样的竞争机制给了学生们一定的压力，在避免高年级学生抢答的同时，也刺激了低年级学生的求胜心理，可谓一剑双雕！

正如世界上没有两片完全相同的叶子一样，坐在同一间教室里的学生，也会因为学历、年纪、性格、学习目的等因素而存在许多差异。即便面对同一个词语、同一个问题，不同学生的学习速度和应急反应也会有所差异。作为教师，我们应该因材施教，选择恰当的教学方法缩小学生之间的差异，使学生在课堂上都能积极发挥自己的主观能动性，轻松、愉快、高效地学好中文。

分析拓展

在阅读完这篇案例后，我们不禁要思考，到底什么样的教学方法才是最佳的？实际上，没有最好的教学方法，只有最适合的教学方法。在课堂上，不同国别，不同背景，不同水平的学生间存在巨大差异，一种教学方法不可能适用于全部的课堂情况，在某些课堂不起作用的教学方法在另外的课堂也不一定完全失效。

比如在巴西，这种课堂差异主要源于学生的年龄。巴西政府鼓励人们多学习其他国家的语言，除汉语外，英语、西班牙、意大利语、法语等也是巴西人学习的热门语言。不仅中学生会积极来课堂学习，很多已经工作的人甚至已经退休的老年人也会来学习。这就在无形中拉大了同一班级学生内部的差异，也更加考验教师对课堂的管理能力以及对教学方法的选择能力。而无论处于何种课堂，帮助建立并维护学生学习中文的自信心和积极性，是教师选择合适教学方法的前提。在该案例中，齐问齐答的方式不仅未能收到成效，甚至打击了中学生的学习积极性。

学生个体存在的一些差异性因素会在有意无意间造成课堂上的竞争机制，此时，作为掌控课堂教学的老师应避免这种竞争机制可能带来的负面效应。同时，中文教师也应明白，学生中存在暗自竞争的现象是很普通的。据案例中的教师回忆，其在课堂上进行句子操练时，有时候回答问题的只有零星一两位大学生。当大学生偶尔想不起来时，高中生才会回答。而高中生回答完问题后，脸上还会流露出非常骄傲的神情。这种现象说明，即使该教师的课堂没有设置专门的竞争机制，学生间也存在大量的暗自比较和竞争。

在课堂教学中，案例中的教师发现高中生其实学得并不慢，只是他们的信心不足，对自己的答案不够自信。对此，其做法是先“一问一答”，再“齐问齐答”或“抢答”。在“一问一答”操练中，教师会走到学生身旁大声提问。学生最初对于操练和回答问题的环节是十分胆怯的，老师的靠近，不仅能帮助学生更好地理解问题，同时也可给予学生一定的安全感，因为教师能在学生有需要时第一时间给予支持。在此过程中，教师不断通过坚定的眼神和竖起的大拇指向学生给予肯定。学生回答完毕后，教师还会鼓励学生声音再大一点儿，再自信一点儿，因为学生的答案是对的。在经过了一轮“一问一答”操练后，每个学生都得到了同等机会的练习，些时，他们心中对问题和答案已经有了非常清晰的印象，此时再进行“齐问齐答”或“抢答”练习，就能听到更多更响亮的学生声音，甚至中学生的声音会盖过大学生的声音。因此，齐问齐答的操练模式不是完全无益，关键是要用对地方、用对时机。

总之，作为国际中文教师，拥有发现问题、分析问题、解决问题的能力是非常重要的。这不仅能帮助中文教师提升教学技能和教学效率，还能顺利推进汉语各方面知识的教学。教师如果不具备这些能力，将对课堂中存在的问题视而不见，使得学生两极分化越发严重，甚至会导致学生放弃中文学习。无论是处于国内课堂还是国外课堂，无论是处于差异小或是差异大的课堂，教师多多少少都会遇到一些困难。作为国际中文教师，我们一定要秉持发现问题、分析问题、解决问题的原则，以积极心态面对并克服这些困难，在解决困难中实现自身成长，也在解决困难中创新教学方法，为整个国际中文教育行业提供更多、更宝贵的教学经验。

拓展思考

1. 课堂教学的公平性表现在哪些方面？
2. 课堂上遇到积极性较差的学生，你该怎么办？

案例 04 汉语拼音与汉字学习

教学地点：泰国 教学对象：零基础小学生

我所在的泰国小学从三年级开始开设中文课，这种中文课基本上属于兴趣课。一年级到三年级的小学生基本上是零基础，汉语拼音字母都认不全。因此，刚开始上课，我打算把教学重心放在汉语拼音上。

记得有一次我在给三年级的学生上课，发现部分学生为了记住汉字的读音就在汉字旁边用泰文标注谐音。更有甚者，一年级有学生竟然在汉语拼音旁边都标注了泰文。这让我马上想到了自己小时候学英语也曾用汉字标注过英文单词的读音。我深知这样做的后果，所以很快找到学校的泰国本土中文教师并向她们说明情况。一问才知道，原来这个办法竟是本土中文教师教的。这让我很诧异，于是我决定跟本土中文教师好好谈谈。

我对本土中文教师说，虽然用泰文给汉字注音也能让学生很快记住读音，但是这样会导致读音不准确的严重后果，因为泰文读音和汉字读音不完全是一一对应的。我希望这位老师能放弃这个办法，努力教学生学会汉语拼音，只有学会了汉语拼音，学生才能根据拼音拼读汉字。这位本土中文教师既没有完全拒绝我的建议，也没有完全采纳我的建议。她显然对此建议还有疑虑，对这种方法的可行性并不完全认可。

根据我所在泰国小学的中文教材，一年级和二年级要学习汉语拼音，三年级到六年级的课本上是没有拼音教学内容的，所以三年级及以后的每节课必须安排汉语拼音字母复习，特别是双音节韵母的复习，以免学生忘记而导致在汉字教学中出现问题。由于我把汉语拼音教学看得很重，也加重了学习训练，所以教学效果还是不错的，甚至在后来的词语教学中，大部分学生也都能自己拼读汉字。至此，我终于感到了一丝欣慰。

可是好景不长，新的麻烦很快又出现了。由于我每次在教词语或句子时都会带上拼音，已经会拼读的学生对此基本上都习以为常了。有一次我给五年级的学生上课，教的句子是“我喜欢粉红色”，但我没有给“我”和“喜欢”这两个词标注拼音，因为我认为“我”和“喜欢”这两个词已经学过好多遍了，学生应该认识这两个词。结果呢，学生说他们根本不认识。我诧异地问学生说，这两个词我们都学过了啊，为什么不知道怎么读呢？学生说，因为没有拼音！我一时很无语，不禁开始反思：难道是自己过于强调拼音而忽视了汉字的重要性吗？

我向我的朋友诉说了这种情况。我的朋友也在泰国从事中文教学，尽管她教的学生都是高中生，但这种情况在她的教学中也是存在的，因为无论对泰国的小学生还是高中生来说，汉字的认读和书写确实很难。

据我所知，不过多借助汉语拼音，甚至省去拼音这个中间过渡环节，直接在读音和汉字之间建立联系的做法，只在少数国家的中文教学中比较流行，并不具有普遍性。汉字教学不借助汉语拼音，这样虽然突出了汉字的重要性，但是并不适合泰国的中文教学，因为对大部分泰国学生来说，汉语仅仅是第二外语或者第三外语，而且也仅仅只是兴趣课而已。如果没有拼音，中文教学难度会更大。但是，如果学生永远“躲”在汉语拼音里不肯向汉字迈进，那么问题也十分严重。学生通过拼音学汉字只是中文学习的阶段性过程。随着学生年龄和学识的增长，中文教学会慢慢淡化拼音在汉字教学中的地位和作用。比如，在 YCT（中小学生汉语考试）中汉字都带拼音，但是 HSK（汉语水平考试）中就没有拼音了。所以，我必须让学生认识到汉字的重要性，并让他们愿意去认识汉字。

在教学过程中，我曾以图片的形式向学生们展示泰国唐人街和中国大街小巷的广告牌、中国的书籍以及他们曾经学过的词语等。在展示的过程中，我问学生是否认识图片中表示图片内容的句子或词语，他们告诉我说，没有拼音的汉字都不认识。这种状况让我产生了教学的挫败感。我首先要向学生阐明，汉语拼音只是教我们怎么读，汉字的意思才是我们真正要学习的。在今后的课程教学中，我会刻意展示部分象形文字的演变，增强学生们对汉字的兴趣，让学生把注意力转移到汉字本身的意思上来。很显然，这是一件很困难的事情，但是只要想办法去做，总会有效果的。

案例分析

案例中的当事教师遇到问题时积极主动地与本土中文教师沟通，向有经验的朋友诉说情况并进行讨论，这些都是比较好的处理方法，是值得表扬和学习的。但该教师在分析问题和解决问题方面还有很大的提升空间。

其实“拼音”和“汉字”的“主次”与“先后”之争一直是学界讨论的热点话题，也是每位新手教师在教学中不可避免会遇到的问题。上课伊始，教师观察到学生的拼音基础不扎实，并且曾有被本土中文教师误导用泰语标音等情况就开始有些着急了。这样的着急心态直接导致该教师无法理性地分析问题，而直接选择去帮助学生强化拼音能力。根据案例描述我们可以知道，小学三年级到六年级的中文教材是不教拼音的，这实际上就是在提醒教师们，在此之前就应该开始帮助学生逐步脱离拼音，直接培养学生独立识读汉字符号的能力。然而，该教师的选择和解决策略不仅强化了拼音在学生脑海中的输入，还给了学生依赖拼音的正当理由，同时也违背了教材和课程安排的初衷，将学生的中文学习尤其是汉字学习，极端地推向了拼音学习。

该教师直到发现学生越来越依赖拼音后，才意识到自己忽视了学生识读汉字的能力，于是才转而思考如何强化汉字教学。值得肯定的是，该教师计划展示象形文字的演变过程，增强学生对汉字的兴趣，旨在减少学生的畏难情绪，这些都是处理问题的正确思路。但是，该教师没有意识到，目前学生最关键的问题不是对汉字不感兴趣，而是无法将汉字字符和发音联系起来。事实上，拼音学习相对于汉字学习而言确实更为枯燥，如果教师再过于强调汉字的重要性而淡化汉语拼音，同样会让学生对拼音产生抵触情绪甚至是失落感，进而将学生引入另一个极端。

因此，在中文教学尤其是汉字教学中，我们首先要肯定拼音的重要性，将拼音帮助汉字字符发音的工具性作用最大程度地发挥出来，并且告诉学生，中国人从小也是要学习拼音的，而且不仅启蒙阶段需要学习拼音，以后在查找生词时也要用到拼音。一定要防止学生产生“拼音无用论”的想法。其次我们也要乘胜追击，帮助学生慢慢减少对拼音的依赖。罗马不是一天建成的，学生脱离拼音直接识读汉字的能力也不是一天就能培养起来的，这就需要教师付出足够的耐心去陪伴学生，去细心地纠正学生的错误。但无论遇到什么问题，教师都应以辩证的思路耐心分析，思考解决办法，避免旧问题还未解决却又引发新的问题。

分析拓展

很多教师在初级阶段的中文教学过程中都会遇到一个棘手的问题：学生可以看着拼音读出汉字，但没有了拼音就完全无法识读汉字。这其实是个非常普遍的问题。由于汉字是表意文字，汉字字符与语音的联系并不是很紧密，这使得学生单独看字符的时候，无从下口。除此之外，母语为表音体系语言的学习者在学习表意体系语言的汉语时，其习以为常的学习方法和学习习惯或多或少会受到冲击，他们因此更倾向于借助跟母语相似的表音符号——也就是汉语拼音——来学习汉语。

虽然拼音是学习汉字汉语的重要工具，但是从严要求学生不过度依赖拼音，培养学生直接认读汉字的能力仍是迫在眉睫的任务。具体而言，中文教师在教学过程中可以参考以下三点经验。

1. 教学过程中，不重复出现已经学过的汉字的拼音。在制作 PPT 时，可以只标注生字的拼音。因为有些生词包含已经学过的汉字，所以并不是所有的汉字都必须标音。即使学生表示忘了某个以前学过的字的读音，教师也只可口头轻声发音以示提醒，这样可以避免因书写而再次在视觉上强化学生对拼音的依赖。

2. 利用经典例句带出发音。以“电子邮件”一词为例，这对初级阶段的学生而言是一个令人尴尬的词汇。它不仅包含多个汉字，还涉及“dian”这个复韵母的拼合问题以及词内三个不同声调的变换问题。每当单独看到“电子邮件”这个词，学生都是一脸“我明白意思，但发不出音”的表情。但是，他们对这个词所在的例句“可以给你发电子邮件吗？”印象非常深刻。所以，每当遇到“电子邮件”一词而学生又欲言又止的情况时，教师可以一边做出发邮件的动作，一边说出“可以给你发……”来引导学生。

3. 利用声旁记发音。作为汉语母语者，我们其实也常常借助形声字的声旁来暂时读出我们不认识的汉字。初级阶段的学生会接触到很多形声字，这就需要教师在教学的开始阶段便注重培养学生利用声旁来识读汉字的意识。例如，学生最先接触“妈”和“吗”这两个汉字时，教师就可以简单地引入形声字的介绍，然后归纳出：大部分有“马”这个偏旁的汉字，其拼音就是“ma”，只是声调有所不同。随着学生接触到的形声字越来越多，教师可以逐渐让学生自行归纳形声字的发音规律。这样，经过一段时间的积累，以后学生即使再遇到同一声旁的新的汉字，也不会觉得无从下口了。

拓展思考

1. 汉语拼音的教学主要有哪些内容？
2. 如果学生存在声调问题，有哪些方法可以帮助学生改善？

案例 05 汉语说唱“嗨”起来

教学地点：巴西圣保罗 教学对象：中级水平高中生、大学生

与初级班学生的学习内容相比，中级班的课文内容更加冗长复杂，趣味性也大打折扣，一不小心就能让学生酣然入梦见周公。再加上这个班的上课时间常常是晚上，并且一次课三个小时，学生就更累了，常常是老师在台上滔滔不绝，学生在下面昏昏欲睡。看着昏昏欲睡的学生，我也倍感无奈。有一次上课，突然有个学生打断了我问：“老师，中国有 rap（说唱）吗？”我说：“当然有啊！”紧接着我灵机一动，问他：“你会 rap 吗？”他说：“会啊，我想去中国唱 rap！”他的回答正中下怀，我马上说：“要不你把这篇课文改成 rap 给我们唱一遍吧？”他毫不犹豫地应允了，接下来便开始了他的表演。其他学生也从昏睡中醒过来，有的学生还不自觉开始了 B-box（口技），一唱一合，别提多热闹了。

后来，我让大家分小组对课文进行改编并把它唱出来，可以是 B-box，也可以是别的音乐形式，然后分组比赛，最后由大家投票选出的最好表演者会获得我的神秘奖励。对于爱音乐的巴西人来说，这可难不倒他们。到了表演的时刻，大家都使出了浑身解数，玩得不亦乐乎。而这位学生的这个无意提醒，也让我们这堂课“扭转乾坤”。在这样的氛围下，时间不知不觉就过去了。临下课时，学生们仍饶有趣味地在那儿唱着，并表示希望以后能有更多这样的活动形式帮助他们在玩中学习、在快乐中学习。

案例分析

该教师是一位不拘形式、敢于创新的教师，也是国际中文教学特别需要的教师。海外的中文学习兴趣班学生日常还需要花大量的时间学习自己学校的课程或者完成自己的工作，等来到孔子学院上课时，通常已是晚上或周末。因此，与国内汉语教学有着很大区别的是，海外中文课堂的教师以维持学生学习的热情和兴趣为主，在此基础上再考虑帮助他们建立一个良好的汉语基础。这也是为什么，

海外兴趣班学生一个学期的课程内容只有三课，仅为国内的十分之一。

正是在这样的背景下，当听到学生问中国有没有rap时，该教师并没有惊讶，也没有犹豫，并且十分机灵地顺势让学生表演一个节目。这样做看似分了学生的学习之心，却活跃了整堂课的气氛，还将课堂上所有学生的注意力全都吸引了过来。从案例的描述中我们知道，在rap的影响下，还有人唱起了B-box。B-box作为一种新型艺术，是口技的一种形式，主要涉及用嘴唇、牙齿、舌头、口腔和喉咙的声音来模仿鼓声、节奏以及旋律，也包括唱歌、用声带模仿打碟和喇叭声，以及其他一些乐器声，需要多样化的演绎。这比老师在讲台上费力地叫着“大家注意这里，大家看到我这边来”要有效多了。不仅如此，这样还达到了提神醒脑的功效。接下来，该教师又顺势而为，将学生的兴趣点从rap引向汉语课文，巧妙地将rap和课文结合。尤其是让学生改编并操练的方法对学生来说极具创新性，可以让他们的大脑处于高速运转的状态，不至于rap的兴致过去之后又陷入昏昏欲睡的状态。这样的方法既满足了学生的好奇心，也完成了上课的操练任务，可谓一举两得。

该教师的应变能力非常强，这也是特别值得称赞的。气氛低落的课堂经常让老师们感到无奈，但该教师能够在学生反馈后迅速捕捉到可利用的因素，将其与自己的课堂教学结合起来，扭转课堂上不利于教学的局面，化低潮为兴奋，创造出令学生难忘的一次课堂教学。这种反应能力，不仅需要多年教学经验的积累，更需要我们在教学和生活中有一双乐于发现有趣事物的眼睛。这样，我们才能在转机出现时第一时间发现它们，并让它们为我们所用。

分析拓展

在国际中文教学过程中，每一位中文教师都希望有一种既有意思又有效率的教学方法。这个案例所展示的这种方法——音乐和课文巧妙结合，不仅能够激发学生的兴趣，还能达到教学目的，可谓一举两得。把音乐引入课堂教学的“音乐式中文课程教学法”是新手教师值得借鉴和学习的好方法，因为汉语本身就是音乐性很强的语言，我们完全可以把句子的音乐节奏标注出来，供学生演绎使用，提高汉语学习的兴趣和成效。案例教师在任教期间就曾借助此方法，缓解课堂的低气压。教师会先给学生们固定的节奏，让他们将节奏带入课文进行分组朗读。

学生们一听，瞬间会从趴倒一片的状态转为热烈的讨论状态，整个课堂气氛就都活跃起来了，让机械的课文阅读变成了一件有意思的事情。

不仅如此，音乐这个跨越国界、人人都可欣赏的文化，也是国际中文教育法中的秘密武器。将句子放在音乐中，声调会受音乐中音高的影响，比平常朗读时弱化一些。因此同一个句子，让学生用唱的方式表达出来，听起来似乎会比单纯朗读更标准，学生的信心也会因此更足。事实上，很早之前就有先贤前辈研究过如何把音乐带入汉语教学的问题，旨在让国际中文教育的课堂环绕在音乐中，帮助学生愉快地学习汉语。

歌曲或者音乐教学法，需要我们认真遴选适合的、有趣的歌曲或者音乐节奏。这样才能让汉语说唱嗨起来，才能让汉语课堂更加欢乐！

拓展思考

1. 丰富课堂形式，可以给课堂注入更多能量，激发学生活力，让学习更具有持续发展的态势。有哪些方法可以丰富课堂形式？

2. 当你在教学过程中，学生觉得无聊打起瞌睡来，这时你会怎么做？

案例 06　备教材，更要“备学生”

教学地点：缅甸　教学对象：中级水平中学生

我所任教的缅甸东枝地区东华语言与电脑学校（东华学校）用的教材来自中国。汉语课是学校的主课，由本地教师讲授，而我上的是语文课，为副课。尽管学校的学生都是华裔，但是学生的中文水平跟中国国内的学生比还是低了很多，所以老师们在教学时，只能尽量简化，降低难度。

第六课是《纪念伏尔泰逝世一百周年的演说》，我在备课时计划先简单介绍伏尔泰和作者雨果的生平，让学生们有大概的印象，然后再讲解课文中的生字生词。到了真实课堂，在讲解“逝世”这个生词时，我告诉大家“逝世”是“死亡”的近义词，但是因为伏尔泰是一位很伟大的思想家、文学家、哲学家，所以我们用“逝世”表示尊敬。这时班里几个调皮的男生就开玩笑说：“×××的奶奶昨天逝世了。”

这时我突然想起了最近新闻报道中的 H7N9 禽流感，于是我根据之前看到的新闻，顺便给大家介绍了一些禽流感的疫情知识，告诫大家说，禽流感病毒主要在鸡类生禽中爆发，所以大家最近最好不要再吃鸡肉和鸡蛋了，这样就可以远离病毒了。一个调皮的男生听了我的介绍后说：“杨家宏家的鸡蛋不能吃了，有H7N9。”这时，班里一位学习非常认真刻苦的学生——杨家宏，立马大声地向我强调说：“老师，不对。我家的鸡都是好的，我家的鸡蛋也是可以吃的。”听了杨家宏的话我才意识到，我刚才的话可能不够谨慎，考虑得不够周全。于是我赶紧补充说：“我刚刚只是建议啊，也不是说不能吃，只要做饭的时候充分烧煮，高温杀菌以后是可以吃的。”

事后，我向同学们详细了解情况后才知道，缅甸的华裔有很多都是以养鸡为业的，很多学生家或亲戚家都是养鸡户。关于 H7N9 型禽流感的话语表述，很可能会在无意间让一部分来自养鸡户的孩子产生心理不适或者对我的反感，毕竟谁都不愿意听到对自己不利的话。课堂是公众场合，上课之前一定要备课，要备教材，知道教学内容和目的，同时课堂讲课发言一定要看对象，要提前了解学生们的家庭和文化背景。这也是备课的任务之一：要精心“备学生”。

案例分析

本案例中的中文教师通过真实的课堂教学，向我们展示了敏感话题引发的争执。围绕禽流感疫情，两个学生引发了语言冲突，主要在于一个学生家是鸡养殖户，老师和另一个学生的判断伤害了这个学生的自尊心，让这个学生丢了面子。因此，教师在发表相关评论前一定要谨慎、慎重，尽量将问题考虑全面再发表言论，同时更要了解学生的情况，教师的言行举止不能损伤学生的自尊和颜面。这种负面的争执不仅伤害了学生，也对课堂教学的正常进行毫无益处。

由此，案例中的中文教师悟出了一个浅显的道理，即合格的教师要充分地“备学生”，对任何讨论的话题都要事先准备好，特别是可能涉及到学生家庭、弱点、丑事之类，一定要提前做好充分准备，以减少课堂上出现的不可控情形。这真是应了一句古诗：“纸上得来终觉浅，绝知此事要躬行。”

不得不说，案例中的中文教师在课堂上的发挥有些随性。明明是在讲解“逝世”一词的使用，最后却鬼使神差地来了一个思维大跳跃，扯到了敏感的禽流感疫情上。而且，该教师有关禽流感的交流重点不在字词的操练上，而仅仅是分析新闻事件。这种做法很容易引起争议，也为出现尴尬的争执埋下了伏笔。另外，教师为了讲解“逝世”一词的用法，随性地举了一个比较敏感的词“死亡”来与之对比，这也是不妥的。的确，二者是同义词，但是与“逝世”同义的绝不仅仅只有“死亡”，还有很多其他的词，比如“去世”“不在了”等等。事实上，这位老师给出的“逝世”和“死亡”这两个词，都不宜用在那几个调皮的男生所说的“××× 的奶奶昨天逝世（死亡）了”这句话中。就这句话而言，使用“去世”或者“不在了”会更合适一些。该教师在列举同义词时，表述得不周全以及对同义词之间的差异阐述不到位，导致其被几个调皮的男生带歪了方向。“死亡”是一个比较敏感的字眼，教师完全可以快速转移学生的注意力，引导学生不要用身边人或身边人的亲人来造有关死亡的句子。比如，该教师可以第一时间引导学生造句，并列出其他更贴切的例子，比如“伟大的物理学家霍金于 2018 年 3 月 14 日逝世”等。

分析拓展

从这篇案例可以看出，做老师是要慢慢熬的，前两三年都只能说是尽力做一名合格的老师。按照套路认真备课，严格按照备课本上的步骤上课可以保证课堂不出大问题；两三年以后，积累了充足的经验，也更具备临场应变的能力，这个时候才能有自己的发挥，才可能成为一名优秀的教师。是的，教师在课前一定要认真备课，哪怕是举例子也要提前准备好，切不可信口开河，最后收不了场。备课不仅要“备教材”，还有“备学生”，了解每个学生的基本情况，这样才可以做到知己知彼，提高针对性，提升课堂教学和育人质量。

备课看似简单，实际上是一项非常复杂的系统工程。当今时代，教育教学技术手段比较先进，备课还需要借助多媒体科技手段，让备课和课堂教学更加便捷高效。一般来说，目前的国际中文教育备课可以参考下面的五步备课法。

第一步：备知识。要研读教材，挖掘教材，熟悉教材的文本、图片、注释等，并从中挖掘、熟悉知识信息，同时理清教材编写思路，明确课程标准和教学任务，梳理知识点，多维度拓展知识点之间的关联。

第二步：定目标。要确立学生学习的目标。在备教材的基础上进一步构建知识网络图，同时理清思路，抽取精华，确立学习目标。学习目标要尽可能地简洁、具体、具有可检测性。

第三步：明学情。这是“备学生”的重要内容，要分析学情确立学生的起点和出发点。我们认为学生不知道的，准备大讲特讲的，他们不一定不知道；我们认为学生应该知道的，没有列为重难点和易错点的，他们也不一定知道。所以就需要研究学情，了解学生已知的和未知的，然后才能因材施教、有的放矢，提高效率。

第四步：设环节。备课要精心设计教学的各个环节。这是备好课的重要一步，是教师课程设计能力高低的体现。教师要换位思考，要从学习者的视角来设计教学活动，要根据学情，围绕学习目标设计教学路径及教学方式，设计有梯度的问题，有启发性、思考性的问题，设计问答的形式。要收集有关的文字材料、图片、视频、体验活动、例子等，并选好配套的针对学习目标的练习及反馈的方式。

第五步：定导向。备课还要围绕教学目标，精心设计导向性信息，引导学生自主式学习、合作式学习、探究式学习。有条件的还要制作简洁、实用、适量的PPT。PPT 上主要有两项内容，一是导向性信息，二是补充的必要的图片、视频和材料。有的教师会在 PPT 上放一些课本上的内容，我们不太建议这样操作。

简而言之，上述备课的方法可以二分为备教材和备学生。

拓展思考

1. 备课，是指教师在课堂教学之前进行的设计准备工作，即教师根据课程标准的要求和本门课程的特点，结合学生的具体情况，对教材内容做教学教法上的加工和处理，选择合适的教学方式方法，规划教学活动。要备好一门课，需要准备好哪些方面的内容？

2. 如果下节课的内容是“介绍你的家庭”，那么你在“备学生”时，应该注意哪些方面？

案例 07　地地道道的中文名

教学地点：巴西圣保罗　教学对象：初级水平高中生、大学生

对初次接触中文的学生，在他们学习完汉语拼音后，我通常会给每个学生取一个地道的中文名字。一方面可以用这些名字来训练他们的拼读能力，增强中文学习的趣味性，提高他们学习中文的积极性；另一方面当然也是为了方便我称呼他们，因为他们的葡语名字实在是太难记了。有了中文名字后，大家都兴高采烈地把各自的中文名字工工整整地誊写到笔记本上。看着学生热烈兴奋的高兴劲儿，我也特别高兴，很有成就感。

学完拼音，我们就开始学习第一单元。第一单元旨在让学生学会如何询问对方名字及如何作答。因为大家都有了自己的中文名字，我们在练习的过程中也尽可能多使用大家的中文名字。在顺利询问完所有学生的名字后，为了更充分地练习，我决定再问问他们父母或朋友的名字，比如“你爸爸叫什么名字？”“你妈妈叫什么名字？”等。前面几个学生的问答都进行得比较顺利，其中有两个不知道父母中文名字的学生也直接用葡语名字回答了我。可是接下来一个学生的回答令我百思不得其解。他说：“我爸爸叫张林。”我疑惑不解地问他：“张林不是我们学校的老师吗？”他说：“是啊，我爸爸也叫张林。因为我爸爸叫 Miguel，我们学校的张林老师也叫 Miguel。”他的回答和解释让我忍俊不禁，因为这个学生把葡语名字 Miguel 跟中文名字“张林”关联对应了起来，认为只要葡语名字叫 Miguel 的，中文名字一律都叫“张林”。他爸爸的葡语名字叫 Miguel，所以他爸爸叫“张林”。这是一个关于中文名字和葡语名字的小笑话，其中蕴含了两种不同的姓名文化。随后，我简要向学生们解释了葡语名字与中文名字的区别。我给他们取中文名字，可能是根据他们的性格、外貌、我对他们的期望等，最重要的是这个名字要有中文的味道。比如有两个学生都叫 Ana，比较安静内向的那个学生我可能会叫她“宁静”，而比较外向活泼的那个我可能会叫她“向阳”。听完我的解释，学生们恍然大悟，更觉得自己的中文名字弥足珍贵、独一无二了，毕

竟在巴西叫 Ana 的人可是成千上万啊。

案例分析

该案例特别真实地反映出中国和巴西两种文化中的名字差异。

首先，该教师非常用心地把握住了初学中文的外国人，尤其是中文兴趣班学生的心理特点，在学生学习汉语拼音时，顺势跟进，为学生取一个地道的中文名字。这不仅能够维持学生对中文学习的持久兴趣，也是他们学习中文的一个好方法。我们知道，汉语拼音跟英语、葡语等拉丁字母文字关系密切，形式一样，都属于拉丁字母性质的表音书写系统，但汉语的书写符号系统不是汉语拼音，而是汉字。通过起中文名字来学习汉语汉字，也是非常好的途径。

其次，有些教师可能为了节约时间，对外国人中文名字的命制简单化处理，只是凭借学生的葡语名字发音，选择相应的汉字来对应。很显然，这样取出来的中文名字就非常不地道，明显带有外国人名的痕迹。这样具有外国味的中文名字，不仅不能体现中国姓名文化的内涵，也不利于教师区分学生。通过该案例以及我们自身的生活经验不难发现，西方人的名字，尤其是"名"的部分，重复率是非常高的。所以虽然选择一个地道的中文名字需要花费一点时间，但可以方便日后点名、课上互动，对提高学生对姓名的兴趣也将产生良好的作用。

第三，在发现学生误将巴西姓名文化套用在中国姓名文化上而产生笑话后，该教师第一节时间给予耐心的解释，让学生明白两种文化的不同。但是该教师没有注意到，学生将张林老师的葡语姓名"Miguel"仅仅对应成巴西姓名中"名"的部分。因此，我们在向学生介绍中国姓名时，可以解释一下，一般在正式场合，中国人都是使用别人的姓氏加上称呼语来称呼对方的，比如"张总""李经理""赵主任"等等。上级称呼下级可以直接喊下级的姓名。中国人只有在称呼关系比较亲密的人时，才会直呼别人的名。这与巴西人的称呼方式是有所不同的。

最后，巴西的父母给学生们取名字主要关注名字的发音，这就导致在巴西重名的人非常多。如果遮住他们的姓氏你根本分不清谁是谁。有时候在一个班，你可能会遇见三个 Ana、两个 Pedro，或者两个 Mariana。除此之外，关于巴西人的名字还有一个十分有趣的现象，就是他们的姓氏特别长，因为他们不仅会使用父亲的姓氏，同时也会把母亲的姓氏加入其中。因此，如果想根据学生的葡语名字来给他们取一个中文名字，建议先用父亲姓氏中的一个发音做姓，再从母亲姓氏中选一个发音作为中间名，最后在学生名字的中间选一个发音，三部分合一，构成一个三字的音译名字。

当然，在给学生起好名字后，教师也应该向学生解释为什么要选这几个汉字作为学生的姓名，在学生对汉字有着最高兴趣时，向他们介绍中国的汉字文化及姓名文化。与此同时，还可以通过名字将老师对学生最好的祝福和希望传递给他们，让学生在第一堂课就能感受到老师的热情，并带着自己的中文名字跟着老师一起学习中文。例如选字的时候，我们可以把造字法的内容简要介绍给学生。当我们给学生取的中文名字包含带玉字旁的汉字时，可以顺势告诉学生，这类汉字与玉石有关。玉是一种珍贵而高级的石头，中国人认为玉象征美好、纯洁、高级的事物，因此中国人取名时喜欢用包含玉字旁的汉字，比如“瑜”“珏”等，希望名字的主人能成为像玉石一样美丽优秀的人。有中文教师给班上的学生取中文名字时用了许多包含玉字旁的汉字，结果这个班也最终成为了成绩最好、课堂气氛最活跃的一个班级。

分析拓展

中华民族历史悠久，传统文化丰富，姓名文化是中国传统文化的重要组成部分。姓名不仅是个人的标识，更是时代风貌、社会制度、家庭观念的反映，蕴含着丰富的文化内涵。通过姓名这个小小的窗口，我们可以窥见中国传统文化的广阔世界。

中国姓氏源远流长，贯穿整个文明发展过程。先秦时期，姓与氏是分开使用的，秦汉以后逐渐合二为一。古代中国人有名、字、号三种文化符号。《礼记·檀弓上》提到：“幼名，冠字，五十以伯仲，死谥，周道也。”这是说，按周朝礼制，人幼年时有名，成人后称字，五十以后以“伯”“仲”相称，死后有谥号。

名是人的一种特定称谓符号，起初的作用是方便称呼。古人在孩子出生三个月后为其取名，这通常由父亲完成，且需遵循一定的礼仪。例如，《仪礼·丧服》中提到：“故子生三月则父名之。”如果小名不雅，长大后可以重新取名。古代除了有名，还会有字，与名意义相关。成人礼时取字，以示尊重。这种取字的习惯直至近代“新文化运动”时才逐渐取消。现代社会大多数人只有名而无字。

古代中国人的“号”包括尊号、庙号、年号等，狭义上的号则是名、字之外的别号。姓名作为个人的标志符号，是社会交往的产物，从诞生之初就被用于称呼。古代称呼一个人的方式多样，可以称呼其名、字、号，也可以称呼其官职、封爵、谥号等。

避讳是中国姓名文化中独特的一面，即避开君王尊长的名讳。避讳始于周朝，周人尊事鬼神，因此讳名。避讳风俗起源于周，成于秦，盛于唐宋，延续两千多年。避讳分为国讳、家讳和圣讳三种。《礼记·曲礼上》指出：“入竟而问禁，入国而问俗，入门而问讳。”

中国人对自己的姓名极为珍视，姓名中包含了传统文化的精华。名字往往渗透着人的性格、情趣、理想追求和精神寄托，反映了时代思想观念、价值选择、审美情趣等，包含着丰富的文化意蕴。姓名与封建宗法制度密切相关。中国人特别讲究血缘关系和宗祖情结，在中国宗法制度下，家族的意义高于个人，个人利益应服从家族利益。这种观念造就了先姓后名的结构，表示个人从属于家族。

行辈，即排行和字辈，是家族按世系排行和长幼顺序命名，清楚表明家族中各人的位置。字辈由家族始祖或全族议定，后代按此取名，表明血缘关系的传承。中国人有浓厚的祖先崇拜意识，传承儒家孝道和“扬名声，显父母”的观念。中国古代传宗接代的观念导致重男轻女，名字中有时会体现这一点，如给女孩取“招弟”“带弟”等名，希望诞下男孩，传承家业。

中国文化是一种伦理文化，伦理道德根植于宗法社会基础之上，强调处理人际关系的准则。儒家讲“父子有亲，君臣有义，夫妇有别，长幼有序，朋友有信”及“仁义礼智信，温良恭俭让，忠孝廉耻勇”。传统观念认为男主外，女主内，男子名字多带阳刚之气，女子名字多含阴柔之美。

历史上的名字反映了不同时代的审美情趣和价值取向。新中国成立后，许多人取名为“建国”“新华”等，表达对新中国的热爱。1950 年代抗美援朝战争时涌现了“抗美”“援朝”等名字。改革开放以来，个性化名字增多，既有对传统的挑战，也有对传统的继承和创新。

拓展思考

1. 文中提到巴西人姓氏很长是因为结合父母双方姓氏，这种做法在中文姓名文化中是否也可行？结合中文姓名文化的特点，试分析这种做法的优劣。

2. 文章提到可以根据学生姓名的发音取一个中文名，并结合造字法赋予名字寓意。那么在实际的中文教学中，你会如何具体操作，让学生既接受也喜欢自己的中文姓名？

案例 08 巧用汉字偏旁释义

教学地点：缅甸　教学对象：中级水平中学生

初三年级的中文课本上，生词表里有个“焦”字。我以“烧焦了”为例，给学生解释词义，学生听不懂。我继续解释说，“烧焦了”就是我们日常所说的“烧糊了”的意思，但是学生们仍然听不懂，他们都用迷茫的眼神看着我。这一下我可焦急了，这大大出乎我的意料。尽管在我的方言中，经常会用到“烧糊了”这样的短语，但我不知道该怎么给学生解释“焦”的含义。

我紧盯着黑板上大大的“焦”字，正一筹莫展时，突然想起古代汉语课上，老师讲过汉字偏旁的起源和意义：“冫”（音 bīng）表示冰块，“氵”（音 shuǐ）表示水，“灬”（音 huǒ）表示火。如果一个东西在火上面烤或烧的时间比较久，到了一定的时间，就会变“焦”，我们就叫“烤焦了”“烧焦了”，这样不是很形象吗？想到这个汉字字形的意义，我心里掠过一丝惬意。

“馒头等一些东西在火上放的时间久了，就焦了，大家能明白这个意思吗？”我有点兴奋地说着，同时看见同学们都会意地点点头，表示他们明白了。我趁热打铁，从这个“焦”字开始，给大家讲解了汉字偏旁在帮助我们理解汉字字义上的重要作用。我告诉学生，有时候，我们甚至可以通过汉字的偏旁猜测出汉字的大概意思。讲解汉字偏旁部首的过程中，我看见学生们的脸上露出惊叹的神情！我想，他们惊叹的一定是：原来偏旁也可以是有意义的汉字，而且还能帮助理解整个汉字的意思，太有意思了！

“你们在家做饭吗？炒菜做饭一定要把握好火候啊！”我顺势问下去，好几个女生都说会，而且基本上承包了家里的厨房做饭事务。这让我多少有点惊讶，而更让我惊讶的是，很多男生也都说会做饭，而且他们自己经常下厨。要知道，这些学生都还只是十几岁的年龄，有的在华文学校，还有的在缅文学校读书。想想我十几岁的时候，每天除了读书，哪还有时间和心思去做其他事情。即使是已经在缅甸生活了两三代甚至更久的华裔，他们始终都保有中华文化中最勤劳质朴的品质，始终坚持学习和劳动，坚守中华文化的优良传统。

通过今天的汉字讲解，我还了解到班里的男生女生大部分都会做饭，这也让我对缅甸年轻华裔这一群体有了更深层次的认识。当他们听说我们四位中文教师都不太会做饭，还经常需要去外面买饭吃时，都表示不可思议，还给我推荐了几家还不错的中餐厅，并且贴心地给我画好路线图，甚至还主动提出以后要多教我做饭。这样一堂课，不仅教授了知识，还拉近了我和学生之间的距离，更让我下决心一定要坚守中华文化的勤劳美德。

案例分析

本案例中，教师通过对“焦”字的字形结构分析，以及对与之相关的“做饭”话题的讨论，加深了对学生家庭背景和生活状况的了解，学生也由此进一步了解了教师的生活状况，这让师生之间的感情更加深厚，形成了良好的师生互动关系，这些都有助于今后汉语教学质量的提升。这也告诉我们，学生最感兴趣的永远是与自身密切相关的事物，教师的教学设计始终要站在学生的角度，以学生为中心。

本案例的最大亮点在于中文教师能够急中生智，结合自身的汉字结构知识，从汉字构造的角度向学生解释“焦”字的含义。中文教师化难为易、化繁为简，从“焦”字表示“火”的部首入手，提示学生“焦”就是在火上烤得时间过久的状态，这种解释符合学生的汉语水平和认知经验。这也提示我们中文教师，汉字的造字法知识，无论是汉字发音、字义还是书写，都可为汉字教学所用。特别是最常用的“象形”“指事”“会意”“形声”这四种汉字造字方式，就可以灵活地运用到平时的课程教学，尤其是汉字教学中。像“山”“日”等一类的象形字，“本”“刃”等一类的指事字，“休”“森”等一类的会意字，“清”“烤”等一类的形声字，都是非常典型的例子，都可为教学所用。

总之，结合汉字构造进行汉字释义，既有助于激发学生学习汉字的兴趣，也有助于减少教学讲授的负担，是非常实用的方法。本案例中，经过教师的字形结构拆分和偏旁意义的讲解，学生眼里的汉字一下子变得趣味盎然，学生的惊叹之情溢于言表。此时，学生眼里的汉字是新奇的，如果教师能够进一步结合学生的认知能力抛砖引玉，让学生以此类推，猜一猜汉字的含义，培养他们的自学能力，学生会更有成就感。

分析拓展

在中文课堂教学过程中，由于师生互动的主观性和不确定性，难免会出现一些不在备课范围内的教学内容和状况。对于缺乏经验的中文教师而言，如何有效地应对，是一个值得深思的问题。案例中的中文教师采取了积极的应对方式，急中生智地从汉字字形结构分析如何通过偏旁部首来理解整个汉字的意义。这显然是成功的做法。但是，也有一些中文教师对这样的超出备课预期的问题和状态采取推迟解释的方式，简单交代说留待下次，以此带过、不再纠缠这个环节。

我们认为，对上述问题要辩证地看，具体问题具体分析。如果问题经过教师的思考，能够从一个主要方面进行解答，并保证回答得正确，符合学生的汉语水平和认知情况，教师最好当场进行解答；如果中文教师觉得问题比较复杂，或者自身并不十分清楚，就不要勉强回答，不能敷衍学生。此时，中文教师不妨一方面肯定学生提出了很好的问题，一方面解释此问题非常复杂，如实承认自己也要查证和思考，以待下次进行全面的回答。对此，大部分学生是可以理解的。

但值得注意的是，如果“做饭”的话题不在本课的教学设计之内，中文教师就应该明确教学目标，合理安排互动环节的时间，主动掌控课堂讨论的走向，紧紧围绕实现教学目标这个中心任务展开教学环节，不能随性而为，兴之所至，不及其余。否则，课堂教学很可能就被带偏了。很多时候，与学生的沟通可以放在课后，否则整堂课会被学生的问话、问题牵着走，教师显得很被动。

此外，“焦”字既然是课本上的生词内容，中文教师就应该在备课时将“焦”字作为重点或者难点记录下来，提前准备好合适的讲授方式。了解学生的反馈情况时，最忌讳的就是直接问学生是否听懂或者听明白。教师不妨在解释“焦”的含义后，结合课本的内容，让学生简单造个句，这既可以了解学生是否真的掌握了相关知识，也可以把之前的知识联系起来，创造一个真实的话语环境。

拓展思考

1. 在汉字教学时，是否需要跟学生解释偏旁的含义？为什么？

2. 在初级班第一课上，学生们学习了“谢谢、不客气”，于是李老师布置了写汉字的作业，让学生们把今天学习的课文抄写几遍。你觉得这个作业是否合适？为什么？

案例 09　欢声笑语教拼音

教学地点：巴西　教学对象：零基础成人兴趣班

2017 年 8 月，我来到巴西圣保罗州一个叫普鲁登特总统城的城市教汉语。有一个班的学生是零起点的，要从汉语拼音教起。汉语拼音一直以来也是教学的重点，如果基础没有打好，学生不能准确拼读，在以后的学习过程中也会很困难，自学就更是吃力。我在查了一些教学资料，问了一些前辈的经验之后，认真备好了课，接着就开始上第一节课。

刚开始教拼音声韵母时，我带着学生读 ɑ、o、e，学生读得很轻松，我发现这些学生一看就会读，因为他们的母语里有这个音。我突然想到以前在学校上教学法课时，老师说过，学生会的音不需要教，强行教反而会把他们弄糊涂。于是我开始对比分析葡语和中文里的相似音并确定教学重点。比如，他们会读 ɑ、o、e、ɑi、ei 之类的韵母，也会 m、f、n、l 等声母。特别是鼻音 n 和边音 l，学生也读得很准确，反而是我，有时候分不清楚 n、l，因为我的方言里不分这两个音，我要特别注意才能读对。所以遇到这两个音，我不教，让学生先读，然后我解释它们的区别，学生一般都能读对。

分析了巴西学生的母语特点后，我及时把声母的教学重点确定为 b–p、g–k、d–t 的对比教学。因为在葡语中，b 和 p 都是不送气音，只有清浊的区别，所以在我听来，都是汉语的“波”，g 和 k，d 和 t 也都是这种情况。我尝试用了吹纸法，学生表现得很积极，纷纷拿出纸，吹得很开心。吹纸法对于 p 来说效果很好，但是 k 和 t 的气流没有那么强，学生使劲儿发 k、t 的音，纸的波动幅度还是没有 p 的明显。这时学生有点儿懵地看着我，我也不禁有些尴尬。我灵机一动，想到了夸张法。我告诉学生 p、k、t 都是送气音，发音的气流要强一些，要用力。然后我装作病入膏肓的样子，一手捂着胸口，使劲儿“咳、咳、咳……”，学生都笑了，也学着我的样子，开始假装咳嗽，我趁机讲了 k 的发音。接下来，我又用类似吐口水的方法发出“呸、呸、呸……”，学生在欢声笑语中学会了送气音 p、k、t。

汉语韵母中也有一个学生母语里根本没有的音，就是 ü，而葡语学生把所有的 ü 都发成了葡语里的 u，这让我头疼不已。后来我想到了带读法。学生发 i 和 u 都没有问题，只是不会发 ü，于是我准备让学生从 i 到 u 带出 ü。首先我让学生先看示范，我发出 i 的音，然后逐渐拢圆嘴巴发出 u 的音，紧接着我用双手把圆圆的嘴巴挤扁，就发出了 ü。看到我滑稽的样子，学生们都笑了。接下来，我让他们做，学生的兴致都非常高。我又趁热打铁地在黑板上画了一条鱼，并告诉他们发 ü 时的嘴型和发“鱼”音的嘴型很像，尝试让他们建立起声音和意义的联系，获得了比较好的效果。

案例分析

拼音教学是中文课堂教学的基本内容，往往在最开始的课堂教学阶段进行。根据拉多（Robert Lado）1957 年在《跨文化语言学》中提出的对比分析假设，凡是跟母语相似的项目，学习者学习起来比较容易，而跟母语不同的项目，学习者学习起来就很困难。作为中文教师，在教授语音之前，将汉语与所在国母语进行声韵母方面的对比是很有必要的，差异越大的项目就越应得到教师的关注，相似的项目不必花费太多时间。本案例的中文教师能够从葡语与汉语区别的角度来进行重点教学，这是值得肯定和学习的。

一般而言，母语属于印欧语系语言的汉语学习者对很多拼音都有较强的认读能力。在确定了葡语学生学习的难点是送气和不送气音的区别后，教师借鉴了经典的“吹气法”来进行教学，但很快发现这对送气音 k 和 t 并不适用，因为学生感受并不强烈。该中文教师最值得肯定的是能够学以致用，举一反三，用自创的“夸张法”，辅以令人印象深刻的夸张动作，进行诙谐式教学。汉语韵母 ü 对很多语言的母语者来说都是学习的难点，而 u 却存在于许多语言中，因此，业内较为认同的韵母 ü 教学方法是“带读法”，即用学习者熟悉的 u 去带读 ü。u 是圆唇的，教师需提醒学生，从 u 到 ü，在舌位不变的情况下，学生要稍稍拉长嘴型。中文教师还能够举一个实物的例子“鱼”，让学生的头脑中建立声音的具体物象，让人印象深刻。

此外，值得一提的是该中文教师非常机动灵活，对于自身发音不标准的边、鼻音，干脆让擅长的学生自己去发音，避免了自己的短处，这是明智的做法。海外的中文教师来自国内各个方言区，不排除有部分声韵母受到方言地域的影响而发音不准确。自己发不好的音，一方面要弄懂发音原理，讲解给学生，一方面可以让他们自己尝试发音，不能以自己的不标准发音来混淆学生的发音。

分析拓展

在教汉语的声母和韵母时，有一些方法是经过前人试验有效的，值得新手教师学习借鉴。比如以下几种常见的方法：

1. 图表板书法。中文教师可以随着教学进度，将声韵母的挂图挂在黑板上，或者自己板书语音项目，比如 a、o、e，要注意板书的直观形象，适当的时候夸大一点，使学生知道它们的开口度不同。a 的开口度大，就写大些；e 的开口度小，就写小些。教师还可以加入其他创意。

2. 口型和部位展示法。教师示范发音时，让学生注意关注自己口、舌、齿的部位，以及嘴型的开合度、圆展、前突、收拢等变化。最好能够以音带音，比如常见的以 u 带 ü，音调方面的以阴平带去声等。

3. 认读辨音法。把学生容易认错或者读错的声母、单音节、双音节韵母或者声韵母组合整齐地排列在一起，教师读，学生辨认。注意及时纠音和巩固，最好是将汉字声、韵、调，音、形、义相结合，为学生今后的汉语学习奠定基础。

拓展思考

1. 在对比学习 z、c、s 和 zh、ch、sh 时，除了老师带读，还可以采用哪些方法让学生更好地发音？

2. 在初级班教拼音时，你的教学对象是成年人，如果他们发不好第四声，你会采用什么办法来帮助学生找准第四声的调值？

案例 10 尝试性教学法

教学地点：蒙古国　教学对象：初级水平中学生

2016 年，我在蒙古国做中文教师志愿者期间，参加了中期培训，听到一位优秀中文教师讲了“尝试性教学法”，很有感触。中期培训结束后，我在九年级的《博雅汉语 · 飞机晚点了》这第一次课上就尝试了这种教学方法。第一课时的《飞机晚点了》一共有 24 个生词，按照“尝试性教学法”来上的话，就会有下面的设计安排。

1. 分小组。我将全班 10 人分为两个小组。

2. 分任务。我把 24 个生词平均分给每个小组，一个小组 12 个生词。每个小组用 10 分钟学习生词，学习内容包括读词语、写词语、解释词语、用词语说短语或造句子。

3. 学生自学。学生在学习过程中，有不明白的地方可随时问老师。

4. 展示自学成果。每个小组用 15 分钟来讲解各组生词，老师和另一组同学一起听讲。

5. 老师总结。两个小组展示完毕后，老师对相关问题进行点评总结。

但是，课堂结束后我发现，这一节课的教学效果并不理想。原因我认为有以下几点：

1. 学生的汉语水平高低直接影响该方法是否能有效实施。就我这个班来说，我讲完任务之后，他们也不知道具体要做什么，最后我只好重新更具体地讲了一遍任务。由于学生的汉语理解水平不高，能够把任务的内容搞懂，并有一定的执行力，就很不容易了。所以说，对汉语水平不高的学生班级，不适合这种“尝试性教学法”。

2. 各个环节的时间难以完美把控。本来计划用 10 分钟自学生词，结果 15 分钟才勉强完成。再加上说明任务所花费的时间过长，最后导致第二组学生没有足够的时间讲解生词，造成课堂结构不完整。

3. 学生讲述的准确性不高，示范性较差。在讲解生词的过程中，学生只是在黑板上写出生词、读出生词并进行简单的翻译，阐释不够深入浅出，以至于最后还是需要老师来讲解总结。如果对低年级的、汉语水平不高的学生采用“尝试性教学法”，那么教学效果就不会太好。我认为只有对高年级的、汉语水平到达一定级别的学生班级，才适用这种方法。

总之，由于种种原因，这次使用“尝试性教学法”的教学效果并不理想。

案例分析

显然，案例中的中文教师志愿者由于对班级学生学情的了解不够深入，加上对“尝试性教学法”的理解不到位，在本次课堂教学实践中并没有取得良好的预期效果，需要在今后的教学过程中慢慢积累经验，改进完善“尝试性教学法”。

本案例存在以下几个问题：

1. 盲目套用所谓的教学方法。尝试性教学法适用于高水平的汉语学习者，特别是具备自主学习能力的汉语学习者，但是该教师所教授的九年级学生汉语水平不高，实施起来难度较大，以致于出现了学生在自主学习过程中除了释义不知如何练习的情况。

2. 时间安排不合理，学生不能有效地吸收教学内容。由于课堂教学时间有限，一定要根据实际情况合理安排教学内容。例如，本课时有 24 个生词，内容有点多，其实可以只学 12 个，每个组负责 6 个词，这就大大减少了学生在单位时间内的学习任务，有助于学生充分理解吸引学习内容。

3. 指导方式需要改进。本案例中的教师完全可以先讲一个词语作为示范，再让学生模仿，这样就大大降低了学生操作的盲目性，有助于活动顺利进行下去。

分析拓展

尝试任何一种新的教学方法，都要循序渐进，不可急于求成。不能停留在理论上，要根据班级学生的实际情况，具体问题具体分析，尤其要考虑到学生的汉语水平、学习能力、课堂时间控制等因素和环节，在此前提下再设计合理的实施步骤。同时，中文教师志愿者更要充分考虑到学习过程中可能会遇到的困难，提前想好规避措施。该中文教师志愿者不断学习新的教学方法，敢于尝试新方法的态度是值得肯定的。

需要特别指出的是，如果是让学生自主学习的教学方法，比如本案例的尝试性教学法，那么这就是一种把课堂还给学生的教学方法，是值得肯定的。因为学生自主学习、小组合作、自主分析讲解，这些都非常有助于提升学生学习的质量和效率，有助于真正提升学生的能力。如果预习时间准备充足，学生具备足够的学习能力，那么是完全可以实施的。否则，学生在短时间内就只能完成基本读音和释义练习，而没有经验和能力再围绕词汇进行深度拓展的对话练习。中文教师应该充分考虑到这种情况，提前备好课，并结合任务教学法，将学习任务细化，在适当情况下还要帮助学生讲解和分析学习任务。

比如学习“晚点”“接”“正点”“航班”“遇到”这几个词，在疏通读音和词义之后，就“晚点”一词，教师可以引导学生组织句子，比如“7 点的飞机 9 点才到，飞机晚点了”“不急不急，这个飞机经常晚点”等。或者由教师创造语境，学生来完成对话。教师还可以把所有新词语编成一个话题，只抛给学生一些关键点，比如“谁”“干什么”“什么时候”“为什么”等，让学生自己使用新词在语境中完成对话。

拓展思考

1. 尝试性教学法，是给学生创造一定的条件，让学生主动探索、独立思考、发现问题、分析问题和解决问题，以培养学生的探索精神和自学能力为主要目标的教学方法。它的特点是变先讲后练为先练后讲，学生在教师指导下先尝试练习，然后教师有针对性地讲解。如案例所示，在汉语综合课堂上使用尝试性教学法，对于外国学生的水平有什么要求？

2. 在教学中鼓励积极采用新的教学法，那么在使用新方法前，要做好哪些准备工作？

案例 11 一份中文菜单

教学地点：蒙古国 教学对象：初级水平中学生

我在蒙古国教中文时，使用的教材是《快乐汉语》。我在给八年级学生讲授《我们给他打电话吧》这一课时，布置了一项课后作业。我先将学生分为三组，要求每个组设计一份中文菜单，菜单上的菜名不少于 10 个，同时需要在菜单上写出中文菜名、蒙古语译名和蒙图价格（蒙图是蒙古国的通用货币）。这份菜单要在第二课上课时带来交给我。

等到第二课开始，学生将自己组的作业交上来时，我非常惊喜！学生们的菜单设计超乎我的预期。首先，每个组都给自己的饭馆或餐厅取了中文名字，分别是明月饭馆、叶问饭馆和月亮餐厅，而且都在菜单上用彩笔设计了漂亮的图案。其次，各家饭馆餐厅里的菜品很多，都超过了 10 道菜，像水煮鱼、鱼香肉丝、炸酱面、北京烤鸭、宫保鸡丁等等都在菜单上，而且还区分了主菜、主食和饮料等不同版块，价格设置也普遍公道合理。

我看着学生设计的精美别致、内容丰富的菜单，深感欣慰，也为学生超高的设计水平和超强的动手能力而欢欣鼓舞。为了让这次作业发挥更大的功能和作用，也让这三份中文菜单的趣味更浓郁更持久，我临时改变了原有的课文教学内容安排，重新设计了新的教学内容。具体如下：

总的任务要求是：各组学生分别展示各组任务完成的过程情况，同时安排代表介绍各组的饭馆和菜品特色，以及如何吸引顾客——老师和其他组的学生。我给学生 6 分钟的时间讨论准备。讨论商量期间，有问题可以随时问老师。6 分钟以后，我们开始按以下步骤展演：

1. 首先分组介绍自家饭馆和菜品的特色，以及如何吸引顾客；

2. 每组介绍完后，老师和其他学生可以向其提问，这组学生人人都可以回答；

3. 老师和学生一起投票，选出最具吸引力的一家餐馆；

4. 对选出的“最具人气餐馆”，老师以白纸上写币值的模拟货币形式给予该组学生奖励。

学生们在这节课上都表现得非常积极活跃，一边有板有眼地认真介绍自家的餐馆，一边还要应对“顾客”的“刁难”，积极回答他们的问题，兴致高昂，收获满满。对我来说，这算是一次比较成功的教学设计，也是一次美好的体验。

案例分析

本案例的中文教师至少有以下值得我们学习借鉴的地方：

1. 课后作业布置别出心裁。布置的课后作业除了有关汉语的基础内容以外，可以布置一些既与课时内容相关又比较开放、好玩的作业。特别是那些与生活相关的话题，比如购物、乘车、餐厅、旅游等，学生们不仅不会觉得枯燥，而且因为与生活的密切关系，学生反而更能出色地完成作业。

2. 教学方法应时应事而灵活多变。“教无定法”是教学方法选择的一个基本原则，要具体问题具体分析。虽然该中文教师的教案已经写好，但如果有新的情况出现，就像案例中的事件一样，那么教师此时就不必按部就班，完全可以改变原有教案的安排，抓住学生的兴趣点，深入推进课堂质量革命。实际上，改变以后的教学内容更丰富、更实用、更能提高学生的汉语能力，而教学方式也更生动活泼。

3. 奖励及时而特别。在海外中文课堂的教学过程中，如果有奖励，最好及时兑现。案例中的老师本来也是临时改变课程内容的，手头并无任何物质可以用来奖励学生，如果只是口头奖励又会显得单薄、无力。所以，这位中文教师急中生智，在白纸上写上币值，作为“钱”奖励给学生。这既是精神奖励，也算物质奖励。实际上，增加多样化的奖励方式也是管理课堂的一种途径。通过“纸币”“盖章”“贴画”等方式来标记学生学习的任务量，最后用这些标记的任务量来兑换一定的实物奖品。这种方式会使学生学习的动机更强烈，更有助于提高他们平时学习的积极性。这也是可取的课堂管理方式，但要注意不能滋长学生的攀比心理。

4. 训练方法多样而有效。教师一言堂是万万使不得的，教学方法和训练方法都需要多样化。案例中的训练方法多样化，跟学习训练的内容有密切关系。中文教师要求学生设计一份中文菜单，其中就包括中文菜名、蒙古语翻译、蒙古国的菜价，甚至还有学生自己设计出的餐馆名称等等，这些都是学习的内容。这些内容涉及到汉语的词汇、语法、句式选择等教学内容，要通过训练获取这些方面的语言知识和能力，就需要多样化的训练方法。学生不仅要解释菜单设计的创意所在，还要进行角色扮演，模拟餐馆老板、服务员或顾客，进行点餐、就餐服务，以此练习真实的口语。这种多角色扮演的训练方式应该说是非常有效的。

分析拓展

在国际中文教学过程中，哪些教学内容适合给学生布置交际性作业，最主要的一个判断依据就是看话题内容与生活的紧密度如何，也就是说，话题内容要与生活息息相关，关系越密切越好。如果话题来源于日常生活，是生活中经常碰见或经历的事项，那么就有话说，就容易顺畅交流。比如打电话、借东西、采访、调查、写信或者发邮件、制作海报、设计标语、展销商品等，都可以作为交际性作业布置的内容依托。因为从生活实际出发，具有真实性和可操作性，学生构思时无须太过纠结，降低了学生的畏难情绪，有利于学生具体行动。

同时也要注意，无论是什么类型的作业，目的都是为了提高学生的语言技能和逻辑语言思维能力，增强学生通过语言文字来认识生活、社会和人生的能力。中文教师要多积累案例，发挥主观能动性，探索出适合不同学校和学生情况的交际活动，配合课堂教学内容，设计一些切实可行的交际性作业。

拓展思考

1. 作业的类型一般包括阅读作业、口头作业、书面作业、实践活动作业，请根据国际中文教育的特点，谈一谈这些作业类型的优点。

2. 假如你负责听力课的教学工作，你会给学生布置哪些课后作业？

案例 12　数字教学

教学地点：巴西　教学对象：零基础中学生

数字是初级班的学生较早接触的学习内容，也是学生在整个学习过程中非常重要的学习内容。数字在第一次出现后，会经常以各种不同的形式在日后的教学过程中出现。比如，年龄、价格、时间、温度、量词的表达等。所以，数字学习的好坏也会直接影响后面相关内容的学习，这就要求我们重视数字的教学。以下列举一些数字教学方法。

数字语音教学。教学方式可以是教师带读、学生跟读，或者语音优秀的学生带读、学生齐读、教师点读、学生接龙读等。

数字手势教学。不同的国家用手势表达数字的方式不尽相同，我们可以充分利用手势教学来加强师生互动，促进学生对数字的记忆。手势教学可以按如下顺序进行：教师展示——学生学习——教师讲解手势与汉字联系——再次展示并熟悉——教师说数字，学生展示手势并重复数字——教师展示手势，学生说数字——学生依次展示手势，其他学生说数字。教师可以根据学生的实际掌握情况和教学时间删减和调整中间的练习环节。

拍手打节奏读数字。这样的互动练习可以调节课堂气氛，带动学生情绪，也符合全身反应教学法的理念。学生要用眼看数字，用嘴说数字，用手打拍子。开始打拍子可以适当慢一点，然后逐渐增加难度，加快拍手的速度。在这个过程中学生一般意识不到自己是在反复记忆一些枯燥的数字，反而会觉得这是一种有趣的游戏。

读数字顺口溜教数字。押韵的文字段落会让人更有朗读的欲望和兴趣。我对国内一个耳熟能详的数字顺口溜做了一些小改编，让顺口溜全部变成需要练习的数字。顺口溜如下：一二三，三二一，一二三四五六七；十九八，八九十，七六五四三二一。在练习顺口溜时也可以通过打拍子掌握速度和节奏，基本步骤也是先慢后快。

数字抱抱游戏。这个游戏比较适合大班教学，是一个特别能活跃气氛的教学活动。基本操作如下：学生围成一个圈，教师放音乐，音乐停时教师说一个数字，学生根据听到的数字迅速抱成团。抱成团的人数与教师说的数字相同即为胜利。

一般情况下用两到三种方式进行练习后，学生就能够比较好地掌握数字了。所以不必贪多，不必在一堂课上把所有的活动都来一遍。可以留一两种作为下次上课前的课前复习活动，这也是很好的选择。

学生学会了数字的表达后，就需要通过练习来加以巩固。我进行的巩固练习活动一般有以下两种。

第一种是“逢七过”。这是一个社交活动中很常见的互动游戏。基本规则是学生依次数数字，如果数到“七”或带“七”的数字或为“七”的倍数的数字时，不能开口说出数字，而是通过拍手、说一句当天学习的中文句子等多种方式来处理。

第二种是猜数字炸弹。基本规则是教师选定 0—100 间的一个数字作为炸弹，写在纸上，然后学生随便猜数字，随着时间的流逝，学生可猜的数字范围逐渐缩小，直至猜中数字炸弹。对猜中数字炸弹的学生可以给一些小“惩罚”，这样可以加强活动的紧张氛围。“惩罚”内容最好也和汉语教学相关，例如学生读起来很困难的汉语绕口令。除了教师写数字，还可以加强互动，让猜中数字炸弹的学生来主持写数字以及剩余数字的范围，这样可以锻炼学生听辨数字的能力。

在进行这些游戏练习前，有必要用中介语简单讲解一下规则，但是更重要的是教师要做示范，教会学生怎么玩这个游戏。

案例分析

无论是海外通用的初级汉语教材，还是国内高校使用的初级汉语教材，数字的教学总是被安排在最初的几篇课文中，并且数字的表达贯穿汉语学习的始终。由此可见，数字教学十分重要。该篇案例的作者为我们提供了非常优秀的教学方法和教学设计。

本篇案例自始至终都紧紧围绕着数字的教学方法进行阐述。从案例的结构上我们可以发现，该教师的教学过程主要分为三部分：第一部分是 0—10 这 11 个基础数字的教学；第二部分是利用第一部分的基础帮助学生记忆 11—99；第三部分是通过游戏的形式辅助学生记忆数字。这三部分层层推进，是一个完整的数字教学的教学设计。其中提出的数字手势法、读数字顺口溜、拍手打节奏读数字、表格对照记数字等都是可操作性很强的教学方法。首先，每个国家或者每种文化都会有自身表示数字的手势，在教学过程中，使用手势教学可以增强学生的好奇心和学习兴趣。其次，黄廖版《现代汉语》曾归纳出现代汉语的语音特点："音节界限分明，乐音较多，噪音少，加上声调高低变化和语调的抑扬顿挫，因而具有音乐性强的特点。"在此背景下，使用"读数字顺口溜"的方法，不仅能帮助学生记忆数字的读法，更能让学生体会汉语朗朗上口、音乐性强的特点。接着，辅以拍手打节奏读数字，让学生眼、耳、口、手、脑全部活跃起来，可以增加课堂活力，避免因机械重复而使学生感到无聊。在此基础上，使用表格对照的方法，让学生将已掌握的数字知识作为学习踏板，进一步独立学习新知识。这样的教学设计不仅能复习旧知识，达到查漏补缺的效果，同时也可以培养学生的自学能力，增强学生的自信心并降低其畏难情绪。最后部分提出的两个游戏也可以面向全班进行操作，使复习对象的覆盖面能到达全班，而不仅是几位同学。"逢七过"的游戏难度比较大，在操作中可以适当进行调整；数字炸弹的游戏也可以尝试让学生代替老师，完成范围的选择并书写下其他同学说出的数字。

综上所述，从教学设计的分享角度而言，本篇案例是一篇完整且优秀的案例。该教师提供的教学方法和设计可操作性高，参与者的覆盖面广，学生参与的积极性也强。这些教学方法可以帮助更多的国际中文教师更快速、有效地进行数字教学。

分析拓展

数字是汉语前期教学最基础的内容之一。在教学过程中，国际中文教师除了要帮助学生记忆数字的中文写法和读音以外，还要帮助学生了解中国人使用数字的习惯，以便在日常交际中能够顺利并正确地使用这些数字。

首先，中国人对 6、8、9 这三个数字有些独特的情感。在中国文化中，6 表示六六大顺，在巴西文化中，6 也有好的意思；8 的发音与"发"相同，表示发财的意思；9 的发音与"长长久久"的"久"相同，表示友谊、爱情等天长地久。数字中既然有代表吉祥意义的数字，当然也会有忌讳的数字。如数字 4，因为它与“死”的发音相似，所以在送礼物确定数量时，中国人会避开 4，而选择 6、8、9。

其次，数字 1 在大多数情况下的发音是 yī，在读一组电话号码时却是读 yāo。对这一变化也可结合当地语言进行对比教学。如在巴西，6 的日常读法是 seix，但在读电话号码时，当地人就会读 meia（表示一半的意思）。

最后比较重要的，是帮助学生区分“二”和“两”的用法。《对外汉语教学语法释疑 201 例》给出了三条区分规则：

1. 用于表示数字、序号、号码时，一般用“二”，如二百、第二；“两”只能用在“百、千、万、亿”的前面。

2. 个位数、“两次”，以及在一些可以做量词的名词前，一般用“两”，如两个、两斤。

3. “二”可以直接在一些名词前表示“第二”。

除了上述两个区分方法外，还可以通过对比法将中文的数字念法与学习者母语的念法进行对比，从而利用正迁移帮助减少学生的学习压力。例如，葡萄牙语中“七”是 sete，最后的尾音与“七”的发音相似；“五”在葡萄牙语中是 cinco，最后的尾音有 u 的发音。这些都可以帮助学生记忆。

拓展思考

1. 数字教学需不需要和数字背后的文化意义相结合？为什么？

2. 假如你的教学对象是小学生，教数字时，你可以设计哪些形式的操练游戏？

案例 13　有趣的纸菠萝

教学地点：巴西　教学对象：零基础小学生

小学生的思维活跃，记忆力好，但是记得快忘得也快。所以，我设计这节课时，目标是让学生既复习一下上节课的颜色词汇，又学习新的水果词汇。

课堂一开始，我带领大家迅速复习了一遍上节课学习的颜色词，然后开始了今天的词汇学习。这节课要学习的水果词汇包括以下八个：苹果、香蕉、橙子、葡萄、柠檬、芒果、草莓、菠萝。在词汇教学时，我们都要进行词汇展示。上节课的颜色词教学展示环节主要用的是照片，这也是用得非常多的一种方式。但是小孩子喜欢新鲜，我就思考着这节课换一种方法展示。

由于这八种水果都是巴西特别常见的水果，到处都可以买到，而且除了菠萝之外，其他的几种水果个头也不大。所以，我决定就用实物来做词汇展示。但是菠萝又大又重，还浑身是刺，课堂上处理不好的话说不定还会伤到小朋友。这可让我为难了。难不成其他的水果都用实物，讲到菠萝的时候放张图片吗？想来想去，我灵光一现，突然想到我读书时折的纸菠萝，不仅外貌和真菠萝很像，而且还可以当笔筒用。纸菠萝虽然不是真的，但是样子特别有趣，而且用纸折的又轻，大小也可以自己掌控。

我先从袋子里拿出一个苹果，小朋友们立刻被吸引住了，他们兴奋地问我："老师，你为什么拿一个苹果？"我问他们："你们知道苹果用中文怎么说吗？"他们都摇头，我在黑板上写下拼音和汉字，还没等我问怎么读，学生们就争先恐后地读起来。我又依次拿出香蕉、芒果、葡萄、柠檬……等到我拿出那个纸菠萝时，大家都笑了起来。一个活泼的小朋友问："老师，这不会是个菠萝吧？"我告诉大家："真的菠萝太大了，所以老师就做了一个纸菠萝，怎么样，像不像？"大家异口同声地说"像"。我偷偷地在心里美着，看来折这个纸菠萝的想法还真不错。

展示完所有的词语，我带着大家做起了经典的"萝卜蹲"游戏。大家玩着游戏，开开心心地练习了很多遍各个词语的读法。玩了大概五分钟左右，我看大家读得差不多了，于是让学生回到座位上，指着讲台上的各种水果，问大家这是什么？大家回答得又快又好。于是我就开始进入下一环节的教学。

在这个环节，我让大家说“……是……的”这个句型。由于这个句型上节课已经练习过很多遍了，大家已经很熟悉了。如果单纯地进行词语替换练习，对于这些聪明的小朋友来说，着实太简单了，于是我在句型练习的基础上又加了一点难度，将单一的句型练习变成一问一答的对话练习。我给出示范。我问：苹果是什么颜色的？学生答：苹果是红色的。然后让大家根据所指的水果依次进行问答练习。例如，我选中香蕉问 A 同学：香蕉是什么颜色的？ A 同学回答：香蕉是黄色的。然后由 A 同学任意选一种水果问 B 同学，这种水果是什么颜色的？然后 B 同学回答。

练习完词语和句型对话，一节课也接近尾声了。我将所有的水果装进一个黑色的布袋子里，然后请学生上来在袋子里摸一个水果，并且猜一下自己摸的是什么水果。如果猜对了，那么这个水果就是他的奖品了。我给了两分钟的时间让他们记忆今天学的词语，学生们为了得到奖品，一个个全神贯注，可认真了。当下课铃声响起时，学生们拿着自己的战利品一个个笑开了花。我也十分高兴，因为回去时的书包又轻了不少。

案例分析

案例作者通过她细腻的文笔为我们展示了从备课到课堂操作的各项思路和流程，打开了教学设计的新天地，让读者眼前一亮。该教师并没有使用陈旧的教学方法来复习颜色词，也没有通过课堂中已有的颜色词进行简单的复习，而是使用巴西当地常用的水果作媒介，帮助学生在复习颜色词的同时让他们学到新的日常水果词汇。

这样的教学设计有两点好处：

第一，选用巴西常见水果作为切入点，不仅能帮助学生增加词汇量，同时也能拉近学生和中文之间的距离，让学生在日常生活中也能联想、回忆甚至使用中文，提高中文在学生生活中的复现率，增强学生在生活中能够使用中文的成就感。

第二，该教学设计符合克拉申的输入假说。输入的形式是 i +1，i 是学习者现有的知识水平，1 是学习者还没有掌握但应在下阶段学习的知识。学习者只要理解了 i+1 的输入，就会从 i 阶段上升到 i+1 的阶段。该篇案例中，i 是颜色的名称，是学生已经掌握的知识；1 是水果的名称，是还未掌握的知识。通过已掌握的句型“……是……的”作桥梁，将两者衔接起来，既达到了复习效果，也实现了知识拓展的愿望。

除了以上两个好处外，该案例还展示了作为国际中文教师必须具有的一种能力——灵活解决问题的能力。通过案例的描述，我们可以发现，在备课过程中，该教师遇到了一个小问题，即在选用实物进行展示时，小型水果都顺利通过筛选，但菠萝却因为个头大、刺多等原因不能通过。那难道就要放弃这个例子吗？并不是。该教师十分机智地选择了利用手工制作的菠萝模型代替实物菠萝，不仅避免了实物菠萝存在的安全隐患，同时也保证了教学设计的完整性。事实上，这种情况在海外教学中是十分常见的。由于材料资源的不足，海外教师常常在备课期间就会遇到创新的教学方法难以实现这一类的问题。这个时候就要不惧怕、不畏难，开动脑筋、另辟蹊径，灵活地解决问题。

看似简单的复习课，其实也可以根据理论的指导，从学生生活入手，把复习知识与游戏活动相结合，打造出欢乐的课堂。很多时候，我们缺少的不是以学生为主体的轻松的国际中文课堂，而是缺少创新思维和迎难而上的心。

分析拓展

纵观整篇案例，从备课时对教学目的的设计，到选择新的教学内容；从对教具的安全性筛选，到对游戏的恰当选择，无不体现着该教师对教学对象——小学生——的清晰了解。正是有着这样的准确认知，该教师才会用一整堂课的时间来复习颜色类的生词，才会使用安全的水果作为教具，才会在课堂上合理开展“萝卜蹲”活动。这些都是因为该教师对学生的行为认知能力和学习心理有着准确的把握。

小学生精力充沛但注意力集中时间短。因此，在面对这样的学生群体时，每节课的知识点不宜过多，教师讲授的时间不宜过长。与此同时，小学生们好奇心强，爱提问，爱做游戏，所以对同一个知识点需要多准备几种展示方法和操练游戏，保证新鲜感，吸引他们的注意力，激发他们的兴趣。除此之外，小学生的安全问题是课堂的首要问题。因此，无论是授课环节还是游戏活动环节，设计的内容都必须避开各方面的安全隐患。

拓展思考

1. 案例中，该教师在学习水果词汇时还引入了颜色词汇的教学。除了颜色词汇，还有什么词类适合引入该课程的教学中？为什么？

2. 在学习水果词汇时，小李老师带去了各种各样的水果，课后分给学生们吃，学生们都很高兴。请你评价一下小李老师的教学行为。

案例 14 “红色是黑色的”

教学地点：巴西　教学对象：零起点中学生

上一节课中出现了“红”和“白”两个颜色词，学生们也同时表现出对其他颜色词的兴趣，于是我决定趁热打铁，为大家安排一节颜色词词汇扩展课。由于颜色词的汉字都特别复杂和难认，为了减轻学生的学习压力，上课前我特意强调：这节课的词汇只作为兴趣扩展，并不要求学生全部掌握，学生可以根据自己的实际情况进行记忆。

课程一开始，我就进行了词语展示。我先用颜色的图片引导大家复习学过的“红”和“白”两个颜色词。然后用图片引入别的颜色，主要包括：黑色、蓝色、绿色、黄色、橙色、紫色六个颜色词，以及“颜色”这个集合名词。关于词汇扩展的数量，我事先专门做了一下研究，发现很多研究记忆的文章都强调“七”是一个记忆节点，所以我特地将词汇扩展的数量安排为七个。展示完所有扩展的词汇后，我列了一个表格汇总颜色词信息，主要包括汉字、拼音、实际颜色三个部分。一般在进行生词表格总结时，我们会给出生词的翻译，但是考虑到颜色可以直接显示，特别直观，所以我直接用颜色板块来当作意义的注释。

展示完词语，就开始读词练习。朗读记忆颜色词的方式多种多样，例如，教师领读学生跟读、学生齐读、学生接龙读、教师点读、大小声读等。需要根据班级和学生的实际情况来合理选择。小学生喜欢玩游戏，我一般会选用大小声读。具体的操作方式是教师大声读，学生就小声读；教师小声读，学生就大声读。这个方式可以牢牢吸引住学生的注意力，特别适合比较活泼的小学生。

读词练习之后，就开始颜色词的理解记忆练习，主要通过三种方式进行。第一种是教师展示物品，学生说颜色；第二种是教师说颜色，学生找出带有这种颜色的物品展示给教师看；第三种是在课件上展示多种颜色，教师说颜色，学生比快选出正确的颜色。这三种方式都可以训练学生的理解能力，其中第一种主要锻炼说的能力，第二种和第三种则主要锻炼听的能力。除了练习听说，还有一些练习可以锻炼记忆能力。比如让学生看一张带有多种颜色的图片，然后拿走一种颜色，让学生说出消失的颜色。我们把这种游戏叫做“谁不见了”。“谁不见了”是学生特别喜欢玩的一种游戏。由于一节课的时间有限，到底选择哪些活动来进行练习，主要依据是学生对词语的掌握程度。如果学生读音不好，那就应该多练习与“说”有关的活动；如果学生“听”不对，那就应该多玩几轮与听有关的活动。

接下来我让学生将学到的颜色词运用到句子中，进行句子扩展练习。我设计了一个简单的句型——“红色是黑色的”。练习这个句型不仅可以让学生运用颜色词说句子，还可以考验学生的反应能力。学生在练习这个句子时一般不会感觉枯燥，更觉得是在玩游戏，在玩游戏的过程中不知不觉就把各个颜色词记住了。这个活动的基本流程是：做一个表格，每个格子里写上不同的颜色词，但是这些颜色词的字体颜色与其所代表的意义是错配的。例如“白色”这个词的字体颜色是红色，我们就可以说出“白色是红色的”这样一个句子。格子里的词语可以逐渐从拼音过渡到汉字，如果汉字太难，也可以加上拼音。如果学生已经学习过了很多带有鲜明颜色的物品的词语，那么“……是……的”这个句型就可以用来表达不同物品的颜色。这样的句子更有意义，对于学生记忆也是很有帮助的。

句子扩展练习结束后，颜色词的扩展语言知识内容就学习得比较完整了。但是我注意到颜色词在不同国家有特殊的文化内涵，于是在下课前大概十分钟左右，另外加了一个环节，讲解颜色词在中国文化中的内涵，让这节课变得更加丰富。关于颜色词在中国的特殊文化内涵，我主要选取了红色、黄色、白色、绿色等四种。

以上就是我在教授颜色词时的基本流程：词语展示——读词练习——词语练习——句子扩展——文化讲解。

案例分析

该案例向我们展示了课堂教学过程中的教学设计和教学方法，现在让我们逐一分析一下。

首先，是用直接展示的方法，在复习完“红”“白”色之后，直接用颜色图片引申出新的颜色生词。关于引申生词的数量，该教师运用了美国心理学家约翰·米勒的实验结果。该心理学家曾对短时记忆的广度进行过比较精确的测定：正常成年人一次的记忆广度为 7 ± 2 项内容，多于 7 项内容则记忆效果不佳。这个“七”被称为“魔力之七”或“怪数七”。凭借这样的理论，该教师才选择引申出七个新的颜色生词供学生学习，这是非常正确的选择。其实，新手教师在备课时总会遇到这样的问题：这节课的内容够吗？这节课的内容会不会太多了？因为作为母语者，我们无法亲身体会第二语言学习者在学习汉语时遇到的困难，所以我们对学生接受新知识的能力也时常把握不准。因此，“魔力之七”这个理论就可以在备课过程中起到标杆的作用，帮助更多的教师准确把握教学内容的容量。

其次，该教师为学生准备了颜色表格，尽可能地进行汉语输入，在直观展示的同时避免了媒介语的介入。与此同时多种多样的朗读方法吸引了学生的注意力，也提高他们的学习兴趣。接下来的游戏环节也让学生眼、耳、口、手、脑并用，帮助学生多维度地记忆生词。

但是必须注意，该案例中的第四步存在一个明显的问题。该教师在帮助学生操练时设置了一个这样的游戏：“白色”这个词所用的颜色是红色的，我们就可以说出“白色是红色的”这样一个句子。这个游戏在国内的综艺活动中十分常见，目的是以字体颜色干扰汉字认读，从而使认读者出错，达到搞笑的节目效果。然而这样的游戏真的适合汉语零基础的中学生吗？答案是否定的。在中文教学中，我们始终在努力减少教学过程中的干扰因素和错误输入。而使用该方式教学不仅容易提高错误输入的比例，增加学生的畏难情绪，还容易让本来已经学会的学生变得困惑，因此该操练并不适合案例中的学生。可见，我们在选择有趣新颖的教学游戏时，也需要多角度地考虑，设身处地为学生着想，体验教学设计的合理与否。

最后一步进行颜色背后的文化讲解是非常好的结束设计，可以让学习了一节课的学生在休息的同时学习一些有趣的文化知识，以一个轻松愉快的方式结束这节课。

综上所述，该案例虽然有硬伤，但瑕不掩瑜，还是一篇值得借鉴和学习的优秀案例。

分析拓展

游戏教学法是相较于传统操练方法而言趣味性更强、更受学生欢迎的教学方法。海外的中文课堂，课业压力小，主要以培养学生学习中文的兴趣为主，因此，游戏教学法常常是首选。虽然游戏教学法能调动课堂气氛，吸引学生注意，但在游戏进行的过程中，无论是操作的环节还是学生通过游戏收获知识的环节，都比传统的操练方式更容易出现偏差。比如，当教学对象是小学生时，动作幅度大的游戏就容易导致学生磕碰的事件；在为了提高游戏难度或追求课堂欢乐的效果时，也容易偏离游戏设计的初衷，只单纯地进行了一个游戏，而没操练到新词。

为了减少这些情况的出现，有些学者已经对词汇教学的游戏法进行了研究，并归纳出了选择游戏法进行词汇教学时应遵循的原则，主要如下：

1. 服务词汇教学的原则。游戏不能偏离词汇操练的目的，要让学生通过游戏达到复习操练词汇的效果。

2. 趣味性和灵活性原则。根据操练内容准确地选择灵活多样的、有趣的游戏。

3. 规则性和情境性原则。框定游戏规则，让学生在教师精心设计的情景范围内进行操练。

4. 参与度和效度原则。游戏应该是面向全体学生的，并非班上的一两位学生。与此同时，教师需要控制游戏操练在整节课中的比例，让学生玩有所获，有效提高。

5. 可行性和安全性原则。要充分考虑教学环境是否给游戏的操作提供了充足的条件，游戏操练的过程中是否会涉及与当地文化相冲突的内容，以及游戏操作时是否有安全隐患等问题。

游戏教学法需要遵循的原则很多，比如游戏的科学性问题、互动性问题等等，都是需要教师下功夫把握好的。由此可见，游戏教学法绝对不是简单地带学生做做游戏。它是教师结合了教学内容，提前预设过可能发生的情况等问题以后，精心设计的一种操练形式。虽然我们经常做游戏法的搬运工，但其实我们也可以在遵循这些原则的前提下，成为游戏法的生产者，在经典游戏的基础上，根据具体课堂的需求，创造出更多、更合适的操练游戏。

拓展思考

1. 游戏教学法有哪些使用原则？

2. 小李老师的教学对象是 8 岁左右的学生，如果在她的课堂上使用游戏教学法，时间比例应该控制在多少（一节课 45 分钟）？为什么？

案例 15　包饺子

教学地点：巴西　教学对象：零基础成人班

在国外的中文教学中，除了进行语言知识的教学以外，我们还会在课堂教学中不定期地插入一些具有中国文化元素的实践教学活动，目的是为了提高学生学习中文的积极性，让学生更好地了解中国文化，使中文课堂教学更加丰富多彩。我就上过这样的一节文化体验实践课——包饺子。

为慎重起见，我提前把这个想法告诉了学校的中文教学主管，询问我是否可以安排一节中国饮食文化课。这节课除了讲解包饺子方面的语言知识以外，还需要学生亲自实践、动手参与，学生也可以品尝自己的劳动成果。中文教学主管对这个想法很感兴趣，回复我说可以安排，但是要注意安全。的确，饮食文化体验课可能涉及到食品安全问题，需要特别重视。

我开始思考包饺子文化体验课的具体细节，并写了一份详细的课堂活动策划方案，呈送教学主管审阅。中文教学主管非常支持，并且同意我们在学校厨房进行活动。

课程活动一开始，我先给大家播放了一个关于中国饺子的小视频，介绍中国人吃饺子的文化知识。然后把事先准备好的词卡拿出来，根据实物进行词语教学。这些词语包括：饺子、饺子皮、饺子馅、擀面杖、菜、肉、鸡蛋等。相关的语言知识，尤其是词汇知识教学之后，我们就正式开始包饺子了。我先进行包饺子示范教学，学生跟着练习。在学习包饺子的过程中，我不停地给大家重复这些词语，学生也一边包一边跟着重复。等包了一些饺子之后，我们就开始煮饺子了。等饺子煮熟，大家已经迫不及待想要品尝自己的成果了。我给学生们调了酱料，大家吃得不亦乐乎。大家对自己的“作品”很满意，直呼好吃，有些学生还不忘打包一份带给家人品尝。活动结束，我们打扫干净了“战场”。准备下课时，大家都来跟我说：“老师，我们以后多上一些这样的课吧！”看着大家的笑脸，我知道我上了一节成功的文化体验课。

实际上，在一个10人左右的成年人班级进行一次这样的活动并不是很难，但是要圆满达到预期效果，也需要注意很多细节。比如调查学生的食物过敏情况，确保食物安全；报告教学主管，获得学校和主管部门的支持；在文化体验的同时，做好语言知识的教学；同时要制定一份包含经费预算的详细活动策划书。

案例分析

这是一篇文化体验教学的案例。作者用简洁明了的语言向我们叙述了整个活动的过程。该教师有几点做法，特别值得从事海外中文教学的老师在进行文化体验教学时学习参考。

1. 严格遵守当地的教学工作原则，重视文化体验活动的安全。这种安全是全方位的，包括食物完全、人身安全、心理安全、体验操作安全等。

2. 多与当地教师和教学主管沟通。当地教师除了会给出符合当地文化的建议之外，还会给予很多操作上的帮助。该案例中中文教学主管在得知作者希望组织中国饮食文化体验课之后，不仅很感兴趣、大力赞成，同时也帮助中文教师联系好了厨房和包饺子的相关用具。

3. 文化教学和语言教学相结合。针对活动中出现的实物进行教学，可以提升中文教学的生活化程度，吸引更多的学生。像“皮、馅、擀面杖、菜、肉、鸡蛋”等这些生活中的高频词汇，即使课程结束，也常有复现的机会。因此直观的实物与汉语词汇一一对应，让学生在学习中体验文化，在文化体验中复习汉语，是非常高效的教学方法。

4. 有始有终，善始善终。要把文化体验活动开展好，必须有始有终、善始善终。前期设计要精心，中期执行要细心，后期收尾要耐心。包饺子这项文化体验活动，会产生环境卫生问题，因此在活动结束时，一定要保持活动场所的干净整洁。这是师生文化素质的体现。

分析拓展

海外中文教师，尤其是年轻的中文教师，在从事国际中文教育教学过程中，最大的问题不是知识传授问题，而是活动组织能力问题。课堂内外高质量的活动组织能力是海外中文教学最基本的素质。因此，海外的国际中文教师要开动脑筋、大胆创新、勇想敢做，为学生带去更多新式文化体验活动。

在海外从事中文教学，进行文化体验教学的机会其实是很多的，关键是我们要能及时把握住机会。生活是一个万花筒，留心处处皆学问。衣食住行等方面的很多小活动，都可以是展示、体验文化的机会。除了我们习以为常的传统节日以外，包饺子或烹饪其他食物等也可作为文化体验实践课的内容。在尊重当地文化的情况下，这样的文化体验实践课都是可以得到外方大力支持的。再比如，每学期开学前的招生活动，就可以和负责招生的部门一起准备，将机械无趣的报名表格填写变成一场中国文化的展示活动。我们可以展示汉服、旗袍等传统服装文化，也可以展示书法、国画等艺术作品。招生宣传用的音乐也可以是《高山流水》《但愿人长久》《好一朵美丽的茉莉花》等民族文化特色音乐。

除了展示传播中国优秀传统文化外，当代中国的新文化也需要展示、展演。例如，由于中国的经济和科技飞速发展，很多先进便捷的工具已经在中国普及，比如手机支付、刷脸支付、共享单车、高铁、网购……但在有些国家，学生们对这些实物还比较陌生。作为国际中文教师，我们的教学目的就是让学生能与当代中国人流利地交流，因此除了传统文化外，组成我们生活特定部分的当代中国新文化、新事物，也需要向海外学生讲授，这样有助于他们了解一个真实的当代中国。

文化体验实践活动一定要落在实处，要有具体化的收获，绝不只是准备一些文化内容，带领学生进行游戏操练或简单交流而已。表面的简单体验不是不重要，但更重要的是发挥体验活动长久育人的功能。为了巩固文化体验课的成果，国际中文教师在活动期间可以多拍照、多录制视频、多保留学生作品，等活动结束后，可以做成相册集或视频合集，张贴或展示学生的作品，让学生在这些可见的、具体的收获中回忆文化、巩固记忆、持久成长。这样，学生对此活动的记忆就不会随着活动的结束而一起结束。

总之，为了能更好地帮助学生体验中国绚烂多彩的文化，更深刻地将文化和语言结合起来记忆、体味，我们还有很多内容需要不断地探索，有很长的路要走。尽管任重道远，但是使命光荣。

拓展思考

1. 体验式教学是指根据学生的认知特点和规律，通过创造实际的或重复经历的情境和机会，呈现或再现、还原教学内容，使学生在亲历的过程中理解并建构知识、发展能力、产生情感、生成意义的教学观和教学形式。请结合本案例，具体分析该案例是如何实施体验式教学的。

2. 海外课堂上举办饮食活动，需要注意什么？

案例 16　复习课怎么“玩”

教学地点：尼泊尔帕坦　教学对象：初级水平小学生

一走进教室，闹哄哄的一片。刚刚从操场回到教室的学生们，有的大汗淋漓地趴在桌子上，有的在窃窃私语。我宣布上课了，拿出此前学的五个词卡：汽车站、飞机场、图书馆、教室、饭店。部分学生开始把注意力转向我，还有部分学生由于体育课累得精疲力尽，一脸疲倦地看着我。

为了复习上节课的五个词语，我使用了改良版的“萝卜蹲”游戏。五个学生一组，每人手中持一张词卡，由第一个学生开始重复说“汽车站”两遍，一边说一边做下蹲的动作，然后“突然”改口说出另外一个词“飞机场”，此时手中拿着“飞机场”卡片的学生就算被点到了。被点到的学生开始重复手中的词语两遍，边说边下蹲，然后“突然”说出下一个词语来，依此循环进行。一轮下来，我发现学生们都只说旁边一个同学手中的词汇，基本上是按照五个人站位的顺序进行的，没有“惊奇”和“意外”，刺激性活跃性不够，游戏陷入尴尬。见此情景，我提出了一个要求，即“不能重复相同的词汇”。这样一来，情况就好了，学生们的目光开始投向更远一点的同学。有一个学生因为反应太慢被淘汰了。接下来的两轮之后，就没人犯错了，但是因为学生熟悉了游戏，觉得太简单了，积极性降低，甚至有两个组的学生停着不动，并且开始讲话了。

见此情景，我觉得词汇复习的目的已经达到，该结束游戏了，于是就要求学生回到座位进行下面的句型复习。谁知我话音刚落，全体同学异口同声地叹气说“Game... Game... Game...”（游戏……游戏……游戏……）都坚持要继续玩游戏，呼喊声响彻了整个教室。我感到很意外，也很棘手。句型复习我计划通过对话的形式进行，提前并没有安排游戏。我突然很纠结，一边觉得不能放弃原本的教学计划，不能任凭学生胡思乱想，一边又不想扫了学生们的兴致，特别是看到学生即使很疲惫但却在游戏中呈现出亢奋的学习状态。

正在左右为难时，一个点子冒了出来，怎么不把句型复习的内容也放到游戏中呢？想到这，我立马组织学生重新回到自己的小组，宣布在之前“萝卜蹲”的基础上改变内容。比如一个学生说“我去图书馆，谁去汽车站”之后，手持“汽车站”的学生就应该快速反应，接着说“我去汽车站，谁去教室”等，以此类推。几轮下来，我发现总有几个学生由于犯错或者反应过慢而被淘汰，其他学生也会激动地纠正犯错的学生。在小组间加入新的竞赛机制后，学生们对上一次课的内容“我去＋”已经非常熟悉了。但是转念一想，否定句的“我不去＋（某地名）”并没有复习到位。于是我继续改变游戏规则，从第一个学生开始，只要学生说了肯定句“我去＋（某地名）”，下半句就得问否定形式“谁不去＋（某地名）”；如果先说否定句，就得问肯定句，下一个学生接着上一个学生继续问。这样一来，肯定句和否定句都包含在游戏中了。最后，这一节课通过游戏的形式把上一次课所教的内容复习得很到位。我正准备离开教室时，听到几个学生在聊天，一个学生说：“Today the class is so funny！”（今天的课太有趣了！）我看了看他，大家都笑了。

案例分析

本案例是一堂语言复习课，教师的教学安排是通过游戏来复习词汇，通过对话来复习句型。但是因为遭遇了两个突发状况，教师的教学计划被打乱：一是学生经过体育课的锻炼后感到疲倦，学习兴趣不浓；二是通过游戏复习词汇后，学生继续玩游戏的意愿强烈，课堂场面难以控制。

出现这种状况，主要原因有两个。

首先，本堂中文课并非该学期的第一次课，教师对于上一节体育课后学生的状态应该早已知晓，并应该预备有针对性的措施，无论教学内容、教学方式还是教学步骤及时间的安排都要有针对性。由于教师缺乏这种“预见性”和备课的“充分性”，才会导致学生行为出现教师教学计划之外的状况。

其次，教师的教学步骤和教学方式安排得并不合理，不符合学生的年龄特征和学习规律。一般而言，儿童在一节 40 分钟的课堂上，能够集中注意力的时间靠前，大约持续 15 到 20 分钟。如果教师将游戏的环节安排在课堂的前半部分，一旦学生亢奋的状态被调动，接下来就很难控制，毕竟“游戏是孩子的天性”。教师最好将游戏放在上课后 20 分钟之后，此时学生学习状态不佳，容易分神，游戏学习的方式能够起到最佳效果。而针对学生容易受到上一节体育课影响的情况，教师可以在正式上课前做一个“热身”，谈论与本节课有关的话题，或者复习以前的汉语歌曲，只要能够激发学生的兴趣，有效控制课堂即可。

面对学生要求继续游戏，而教师要推进教学进度间的冲突和矛盾，案例中的中文教师根据自身的教学经验，采取灵活而新颖的方式，果断将第二部分句型教学的内容也放入游戏之中，而且在原有“萝卜蹲”的游戏基础上，灵活更改游戏规则，揉入句型复习的内容，并及时根据学生的反应做出相应的调整，或加入新的规则，或增加语言点难度。这些都是难能可贵的素质。虽然整节课看似都在游戏，但是复习的目的和效果还是达到了，也满足了学生好动的天性，有利于师生感情的培养。

尼泊尔的学生喜欢热闹、好玩的课堂，相比于中国学生而言，他们更加活泼好动。无论新课或者复习课，“游戏”在教学中都能起到很大的调节作用。每节课都要有游戏，特别是面对年龄较小的学生，通过游戏学习的方式能够使他们的记忆更加深刻、感受更加强烈。但是需要注意，同一游戏不宜重复太久，否则学生也会厌倦。这对教师的游戏设计是一种考验，必须不断更新游戏方式和内容。很多教师都很苦恼上课要玩什么不同花样的游戏，其实有时候只要针对学生的情况和教学内容，稍微更改一下游戏的规则即可，比如“大小声”“拍蚊子”“bingo”“萝卜蹲”“多一遍，少一遍”等等，都是可以灵活做出调整的游戏，这种微调并不影响游戏的内涵和意图。

分析拓展

国际中文教师不应只做一个教书匠。我们的教学工作不应仅停留在备课和上课、再备课再上课这样的两项循环之中。因为课堂是千变万化的，总会出现我们在备课期间预料不到的新问题。这些问题，就是我们课后需要反思的内容。在本案例中，教师对课堂上突发的学生厌倦基础版“萝卜蹲”游戏一事进行了思考，得出“游戏虽好，但不宜重复太多次；创新形式太难，不如修改游戏规则”等好想法。

这节复习课可谓挑战连连。因为这节课之前是体育课，体育课结束之后的学生又累又困，如何快速调动学生积极性成为了第一个难题。随后，在游戏过程中，学生为了保证自己不被罚而选择只说身边同学的词汇来降低游戏难度。这样就缩小了复习内容的覆盖面。如何让学生按照老师所期待的复习效果进行游戏操作，这是第二个挑战。在一轮游戏结束后，学生厌倦了基础版的游戏，如何重新激发学生的兴趣并进行接下来的复习，这是第三个挑战。

第一个难题是通过改良复习形式解决的，活力满满的游戏跟体育课有着相似之处，让学生从肢体活跃的状态慢慢过渡到大脑参与知识学习的状态；在第二个挑战中，该教师没有做过多干预，只是提出了一个要求，引导学生不要局限于附近的复习内容；在面对第三个挑战时，该教师的应变能力一下子发挥了出来，将语法和游戏结合进行操练，既拓展了复习内容，又提升了游戏难度，还重新唤起学生的兴趣，可谓一举三得。

这节课虽然只是一节复习课，没有新知识的传授，但有效的复习课往往比流水式的新课更有效果。而且，在该案例中，基础版的“萝卜蹲”和升级版的“萝卜蹲”都符合小学三年级学生宜动不宜静的学习心理，后期增加的竞争机制也为课堂增添了紧张的气氛，进一步推动了学习者认真参与复习游戏。因此，从海外小学中文游戏教学的角度而言，该案例是非常值得借鉴的。

课堂游戏总能一改教室里沉重的学习氛围，在欢声笑语中帮助学生记住知识，因此游戏教学方法一直很受学生欢迎。然而值得我们不断思考的是，游戏教学法真的适合各个年龄段的学生吗？或者说，所有级别的学生都适合该教学法吗？显然不是的。

在幼儿及中小学阶段，游戏教学法是大多数教师的选择，且具有一定成效。但在大学阶段及成人班级的课堂上，则适宜使用更为有效、难度等级更高、更有操练效率的方法。

在初级零起点的班级，可以多通过游戏教学法降低初级学生对中文学习的畏难情绪，增加其学习兴趣；在高级班宜降低游戏法使用频率，转而给予学生语言学习和运用情景，培养学生组织语言进行创作和输出的能力。

口语课也可以通过游戏转移学生的注意力，降低学生对把中文作为第二语言输出的紧张感，利用轻松愉快的学习氛围和提前设置的情景尽可能还原真实的日常对话，提高学生的口语交际能力。

汉字课也可以使用到游戏法，汉字比赛就是比较常用的游戏。比如，接龙写汉字游戏。当教师给出一个汉字“你”，第一位同学从队伍中走到黑板前面写出“你”的第一个笔画“丿”；等第一位同学归队后，第二位同学才能到黑板前，在第一位同学的笔画旁边，写出“你”字的第一笔和第二笔；直到最后一位同学将“你”字从第一笔开始写完整个字，该游戏结束。两支队伍，比哪支队伍完成的速度最快。如果期间学生出现笔顺错误，教师可以擦掉该笔画并提示他重新写。

又如根据偏旁补全汉字游戏。教师给出一个偏旁，让学生按照队列顺序写出本学期学过的包含这个偏旁的汉字，比哪个队伍写的汉字最全、最正确。

再如速记比赛游戏。教师口头给出一个课本上有标准答案的问题，让学生按队列顺序，每人一个汉字，在黑板上逐一写下该问题的答案，比哪个队伍速度最快。

虽然游戏教学法的优点数不胜数，但最好的教学方法不一定是游戏教学法，却一定是最适合学生的教学方法。因此，我们需要根据学生的情况和教学的内容灵活调整，在前辈们优秀的教学方法的基础上，不断创新。

拓展思考

1. 复习课是课堂教学的重要课型，复习课承载着引领学生有效复习的任务，是落实课程内容结构化、促进学生认知体系结构化的重要载体。复习是为了“温故而知新”。请结合国际中文教育的课堂，谈谈复习课应该如何开展。

2. 如果你的课堂教学对象为成年人，对于案例中的教学内容，你会采用什么方式进行复习？

案例 17　我的小可爱们“迷路”了

教学地点：泰国　教学对象：初三汉语专业班

在刚上《我迷路了》这篇课文时，我的小可爱们真的迷路了。他们分不清东西南北，这让我有些苦恼，同时也有点自责：如果我的泰语足够好，学生们一定会听明白如何表达汉语方位的，一定会分清东西南北的。后来我的泰国同事告诉我：“初中的小朋友们连泰语里的东西南北都分不清楚，更何况是汉语呢！”听到同事这么一说，我心里稍稍松了一口气，但是这也让我更加坚定，一定要让学生们明白汉语方位的表达。于是，在中文课堂上，除了是中文老师，我还有了一个新身份——地理老师。

第一节课时，我教了他们上北、下南，左西、右东。这个对他们来说并不难理解，但是只要标上建筑物，他们就完全分不清楚东西南北了。因此，在第一节课里，我只教了中文里南北方方位表达上的不同，即南方地区惯用前后左右，而北方地区惯用东西南北。

第二节课时，我稍稍改变了教学方法。首先，我在黑板上画了简图，标明各个地点，如银行、邮局、超市、学校、医院、电影院、快餐店、便利店、宠物店等等，然后让学生们根据我画的方位图来说明银行的位置。最开始，学生们会说出“银行在西边”。后来我在“银行”和“邮局”之间画“十”字，又引导他们说出银行和邮局的位置，这时他们会说出“银行在邮局的西边”“邮局在银行的东边”这样两个句子。这时，我指着邮局问他们：“邮局的西边是什么？”果然，学生们会抢着说“邮局的西边是银行”。我又紧接着指着银行问：“银行的东边是什么？”他们同样会异口同声地说“银行的东边是邮局”。于是，我用同样的方法，在“银行”和“学校”这两个南北方位的建筑物中间画“十”字，然后用同样的方法引导学生说出“银行在学校的北边”“学校在银行的南边”“学校的北边是银行”“银行的南边是学校”等句子。

通过这种在两个建筑物之间画“十”字的方法，我知道学生们已经明白了中文里方位的表达法。我便趁热打铁，带领学生们运用刚刚学会的四个主要句型操练板书中其他建筑物的方位表达。在操练完所有句子后，我让学生们自己总结这四个句子的特点。很快他们就发现这四个句子其实就来自两个主要句型，即：“A 在 B 的________。”和“B 的________是 A。”而另外的两个句子“B 在 A 的________。”和“A 的________是 B。”实际上和前两个句子是一样的，只是空格内填的方位词相互对立。

在学生们充分了解了中文方位表达后，我便开始带领他们一起学习课文。这个时候再来学课文，就相当容易了。课文内容是以“我家”为中心，讲述周围有哪些建筑物。在带领学生简单疏通文意后，我让他们自己分组讨论并画出“家”周围的建筑物所在位置。不一会儿，大部分小组都画对了。这时我请其中一个小组的代表在黑板上画出小组讨论的结果，画完之后我又请她用汉泰双语为同学们讲一遍为什么是这样。让学生讲有两个好处，一是我想检查教学成果，想看看学生能否用之前所学汉语进行简单讲解；二是我自己的泰语并不好，通过这位小可爱的汉语加泰语的讲解，没有画对的学生们就能更加明白自己为什么画错了。讲解完之后，我让学生们合上书，我指着黑板上刚才那位小可爱画出的示意图，让学生们和我一起背诵课文。在示意图的引导下，学生们花了大概三分钟的时间就把这一篇刚学的 90 字左右的小课文背诵下来了。

所谓教学相长，确实不假。在每一次的讲课过程中，我总会有一些新发现。通过与学生互动，我也总能找到适合这个班级的教学方法。

案例分析

该篇案例描写的是一堂方位词的教学课。中文方位名词看似简单，可以用外语直接翻译，但是放在描述地点和方位的句子中时，由于语法的差异和判断方向能力的差异，方位词教学就变成了一项具有挑战性的教学项目。值得称赞的是，该教师并没有因为这一难点很棘手而躲避，反而是迎难而上，采取了一系列灵活的方法帮助学生顺利学会中文的方位表达。

这篇案例最值得借鉴的就是该教师利用学生已习得的地点名词，由浅入深地引出该课文的语法点。首先银行、邮局、超市等地点名词都是学生已掌握的初级阶段的常用地点名词。最开始，学生为了降低错误，会使用最简单的语法进行造句，如：银行在西边，邮局在北边等。其实，在学生心中，他们已经将地图的正中间作为参考点和中心点，建立了方位坐标。可是在我们的日常交流中，为了准确表述地点位置，我们常会选择目的地附近的或者交际时所处位置附近的建筑作为参考点和中心点，来建立方位坐标。因此，该教师在听到学生已经可以说出简单句“银行在西边”时，就进行了第二步的引导，在银行和邮局中间画了一个十字。这相当于帮助学生，将方位坐标的中心点从地图的正中心移到了目的地附近（即银行和邮局的中间）。这样做可以缩小学生关注的范围，减少其他词对学生思路的干扰，同时降低学生的紧张感，让学生的注意力更加集中在老师希望学生关注的范围。随后，该教师依旧使用简单句“邮局的西边是什么？”来引导学生说出句型“A 的________是 B”。

在经过一系列操练后，该教师才开始进行语法点的归纳和课文讲解。课文讲解也一改传统的翻译课文方式，而是让学生自行理解课文，并根据课文内容绘制出地图，教师以此来判断学生对课文内容的理解程度。该方法就在轻松的状态下十分巧妙地考察了学生的阅读能力和理解能力。美中不足的是，该教师应该对背诵课文的环节进行一定程度的修改，将考察学生的记忆能力改为考察学生的语言组织能力，即让学生书写一小段文章来介绍自己家周围的建筑，最少需要包含五个建筑的地理位置。

方位词教学是为了帮助学生更准确地询问和表达位置，如果学生能听懂东西南北，或使用前后左右来顺利地进行交际，也可以适当放宽对学生的要求，不强求学生一定要在交际中使用东西南北进行表达。因为我国南北方表达方位的习惯不同，有些南方老师在交流中也不一定能准确地使用东西南北这些方位词，所以对不同中文水平的学生学习方位词的难度要有正确的判断。

分析拓展

虽然该篇案例表面上看是一篇方位名词的教学案例，但实际上还是语法的教学案例，即“A 的________是 B。”和“A 在 B 的________。”两个句型的教学。我们知道，国际中文的语法教学应该是在语言事实中教语法。在该篇案例中，教师选择在操练后进行语法归纳，让学生自行将文字版内容转换成地图，这些都是培养学生在句子中学习语法、在课文中学习语法的好方法。因为，无论是教授字词还是语法，教学的最终目的都是培养学生的中文交际能力，所以对学生进行的有效输入语例应该是携带了有效交际功能的句子。在接触了一定量的例句之后，再帮助学生归纳总结出语法结构，即从内容固定的多个句子，提取出可代入不同内容的语法公式。这等于是帮助学生从具体例句中抽取出通用的结构，从具体的交际中抽象出来、走出来，然后再回归到具体的交际中去指导新的交际，让学生一直在交际环境中学习。这种做法和国际中文的“语法教学应该字不离词，词不离句，句不离篇”的思想是一致的。

值得注意的是，在教学中，有的老师认为教了总结出来的语法结构后，学生就能在交际中成功使用该语法。然而，这种想法并不完全正确，这些老师往往高估了被归纳出来的结构对学生交流时组织语言的作用。因为学习者在交际中，为了保证输出语言的正确性，会下意识地选择语法结构简单的句子，如“邮局在西边”。即使是学习了稍难一些的结构，如“邮局在银行东边”“银行东边有一个邮局”等，为了维护自尊心和顺利交际，学生也会下意识选择最简单、成功率最高的结构。一些学生在使用被提取出来的表相似作用的语法结构时，甚至出现了抵触情绪。他们觉得，同样一个意思的句子为什么会有这么多语法结构？本来学生判断东南西北就要花一点时间，更别说还要考虑去选择使用哪个结构了。

这让我们不禁反思：这些相似的语法结构真的没有教学的必要了吗？对于作为汉语母语者的我们而言，我们在母语习得的过程中从未被直接灌输语言结构的知识，而是在日常的输入和不断的纠错中习得了正确使用语法的技能。这个技能不仅包括使用语法造句，将交际进行下去，还包括准确地选择符合交际语境和交际者心理的语法。因此即使是表达同一个内容，不同语法结构之间肯定也存在一定的差异，这些语法结构的教学也因此大有必要。例如，针对“邮局在银行东边”和“银行东边有一个邮局”这两个句子，我们假设：

第一个句子的结构“Sth./Sb. 在 Position”为语法 A。

第二个句子的结构“Position 有 Num. 个 Sth./Sb.”为语法 B。

这两个语法都同时出现在《发展汉语》初级综合课的第 7 课。它们之间的差异就不仅仅是结构的差异了。作为国际中文教师，我们除了需要解释结构，还需要解释在何种情境下使用何种结构。首先，当对方问“请问，邮局在哪？”时，母语者很少会改变该结构去使用语法 B，而是直接使用语法 A 来回答。因此，我们需要向学生解释，很多时候，回答问题所用的语法取决于提问者使用的语法。中文在提问和回答时的语法结构基本保持一致，尤其在提问时，并不会像英语那样，将提问内容用疑问词代替后倒装至于句首，因此回答时，只需替换“哪、什么、怎么样”等疑问代词部分就可以了。其次，要选择符合使用者语境的语法。使用语法 A 时，大多数情况是为了明确指出事物的地理坐标，而使用语法 B 时就是有选择性地表达内容，即周围有很多该类事物，但回答者只知道其中一个，或者回答者选择了最近的一个进行回答。

综上所述，语法教学除了要帮助学生学习简单好用的语法“公式”外，还需要让学生了解相似语法结构背后的异同，并回归到交际语境中，让学生练习体会，做到“在语言事实中教语法”。

拓展思考

1. 在教方位词时，老师给出例句：他把书放到桌子里去。这个例句好不好？为什么？

2. 如果你的教学对象是小学生，方位词教学时可以设计什么样的课堂游戏？

案例 18 汉语量词怎么教

教学地点：巴西圣保罗　教学对象：初级水平社会兴趣班

对外国学生来说，学习汉语“量词”是一件特别头疼的事。为什么有量词呢？为什么有这么多量词呢？“一头牛”为什么不能说“一牛”？“um livro”（one book）为什么不是“一书”？

刚开始接触量词的学生很难理解量词及其用法，因为在他们的语言里的确不怎么使用量词。有时候强调、练习了多次，轮到学生自己做时还是会出错，让量词“缺斤少两”的情况时常出现。为此我也是焦头烂额，不知如何是好，不过这也不是解决不了的问题。因为我发现巴西学生们在日常生活中也会使用量词，只是他们自己没有意识到，比如“uma garrafa de cerveja”（a bottle of beer，一瓶啤酒）和“uma xícara de suco”（a cup of juice，一杯果汁）等等。

我把“一瓶啤酒”和“一杯果汁”写在黑板上，用红笔标注“瓶”和“杯”，并告诉他们在这两个短语中，“瓶”和“杯”就是中文里的量词。“一本书”“一张地图”等等都有量词，他们使用量词的意义跟这里的“一瓶啤酒”“一杯果汁”里的“瓶”“杯”是一样的。当然我也会告诉他们不同量词有不同的使用情况。就这样，大家开始尝试用“推己及人”的思维慢慢接受中文里庞大的量词家族，不仅一起学习还一起互相纠正，是“一把伞”不是“一支伞”，是“一只鸡”不是“一头鸡”。

案例分析

我们知道，量词并非汉语独有，只不过现代汉语的量词是十分丰富的。因此，量词这个教学难点，并不是难在量词的发音或是书写，而是在使用时学生缺乏习惯。同时我们还知道，国际中文教师教授的不仅是一门新的语言，更是教授该语言背后的思维习惯。本案例中的国际中文教师就是遵循这个原则，对学生循循善诱，培养学生使用量词的习惯。

葡萄牙语母语的学生对汉语量词的理解的确比较困难，因为在他们的母语中“一头牛”可以直接说为“一牛”，“一本书”也可以直接说为“一书”。如果中文教师一开始就直接让学生去“硬理解”汉语量词的概念，只是把量词的概念解释为“在中文里，量词是放在数词和名词之间的一种词汇”，那么学生听起来一定会晕头转向的。但是该案例中，中文教师就非常机智地利用学习者母语中就有量词的现象，让学生体会量词的概念和用法。这样一来，学生就从母语的角度轻松地体会并认识了量词，再从母语过渡到汉语，将母语习惯迁移到汉语的学习中。这正是利用了学习的正迁移，帮助学生正确使用量词，并逐步培养学生对汉语量词的使用习惯。

量词是较为特殊的一类词，对汉语量词的学习和熟练掌握，不是一蹴而就的。中文教师本人对量词的认知能力、认知水平和教学方法对学生提高学习水平很重要。作为国际中文教师，也需要花费时间和精力去帮助学生养成认真对待、准确使用量词的习惯。

分析拓展

俗话说：“只要思想不滑坡，办法总比困难多。”既然量词是国际中文教学的一大难点，那么我们就应该高度重视，不断地总结思考，在前人教学研究经验的基础上，创造出更灵活、更有趣、更有效的教学方法。下面就是两个常用的小方法。

第一个方法，使用歌曲帮助学生记忆。比如《红山果》，这首歌的开头六句话都是由简单的“数词 + 量词 + 名词”的结构组成的：一朵花，一棵树；一座房子，一条路；一座山，一条河；一只小船，一个我；一颗心，一把火；一个木瓜，一个你。这样简单清新的节奏和旋律特别适合刚刚接触量词的学生。教师可以根据最近所学的量词短语对该歌曲进行改编，在每次上课前，让学生通过演唱的方式来复习，减少学生的畏难情绪。

第二个方法，使用游戏培养学生的习惯和反应速度。

第一步，先在黑板上写下最近所学的量词短语中的名词，如“书、笔、地图、词典”，然后再在下面一行对应写上相关的量词，如“本、支、张、本”。

第二步，教会学生一个节奏，比如是：X XX 或者 XX X。然后让他们按照这个节奏，一边拍手和桌子，一边跟着念：书，一本；笔，一支；……或者念：一本，书；一支，笔；……在熟读完这些量词之后，可以改变操练的形式，让老师说名词，学生说该名词对应的数词和量词。

第三步，继续提升游戏的难度，让学生说名词，下一位同学说该名词对应的数词和量词，并为再下一位同学快速选取一个名词作为题目。例如：A 同学说“书”，B 同学就需要说“一本，笔”，C 同学就要接着说“一支，地图”，D 同学要接着说下去……

这个游戏既能考察学生对量词的灵活掌握程度，还能够提升学生的反应敏捷度和多样性选择的能力，让学生不会只想到一个万能的量词“个”。游戏之后，老师可以擦去量词那一行汉字，让学生看着名词进行操练，还可以让学生们加快手中打节拍的速度，训练大家的反应能力。

拓展思考

1. 针对量词的教学，可以在课堂上进行哪些形式的操练活动？

2. 上课时，学生提问：“老师，同样是表示‘两个’，为什么我们说‘一双鞋’‘一对夫妻’‘一副对联’？这三个量词为什么不一样呢？”你会怎么回答？

案例 19 “老师他们”和“老师你们”

教学地点：缅甸　教学对象：初级水平中学生

有一次我跟缅甸当地的一位华裔教师交流，这位老师关切地问我：“老师他们怎么做饭吃？”当时我一听就纳闷了，心想，“老师他们”跟我有啥关系呢？我甚至都不知道“他们”是谁啊！我一时间也不知道该如何回答这位华裔老师。可是这位老师继续追问：“老师他们会做饭吗？”这时我才突然反应过来，原来这位老师所说的“老师他们”指的就是“老师你们”！这位老师问的是我们四位中文教师是怎么吃饭的。

这是我第一次在与缅甸当地老师的交流中遇到用“老师他们”指代“老师你们”的情况。在之后的教学和社会交往过程中，我发现缅甸的很多学生和老师都存在这样的问题。他们把第三人称复数和第二人称复数混淆了，而且很少会用到“你们”。我请教初三的缅甸学生，问他们缅语里是否有“他们”和“你们”这样的词语区别，学生说是有的。后来我又注意到，把“老师他们”和“老师你们”混淆的华裔老师祖籍多是中国云南，不知道这一表达习惯是否与云南当地的方言有关。

除了“老师他们”和“老师你们”外，“不有”和“没有”，以及“昨年”和“去年”等，也是缅甸人在日常中文交际时容易混淆的表达。

缅甸华裔学生经常会说出“我在家不有写作业”“昨天不有来电”“已经不有钱了”等句子。在日常交际中，他们似乎只用“不”去简单地表示所有否定的意义，而很少用到“没（没有）”。“不有”和“没有”这样的偏误主要出现在学生身上，在当地教师身上也时有出现。

学校新来的华裔老师跟我说，他“昨年”还在我们学校读高三。我一听便意识到，他想表达的是“他去年还在我们学校读高三”。我跟这位老师一说，他很快就意识到自己说错了。但是，在这之后的好几次交谈中，他仍然会把“去年”说成“昨年”。我在初三年级教授中文课时，也发现好几位学生都存在这样的偏误。

由此可见，上述偏误在缅甸本地学生和华裔中文教师身上均较为常见。我们在与当地的华裔老师和学生交流时，要提前了解这种情况，才能听懂他们要表达的意思。

案例分析

本案例的中文教师发现了缅甸的中文学习者存在几个中文词语偏误问题。一是用“老师他们”表示“老师你们”，这是第三人称复数和第二人称复数的混淆问题；二是用“不有”代替“没有”，这是否定副词“不”和“没”的混淆问题；三是用“昨年”代替“去年”，这是年份的时间认识偏误问题。

值得肯定的是该案例的中文教师善于发现问题，并试图查找偏误出现的原因。该中文教师发现第三人复数和第二人称复数容易混淆，多发生在云南籍的华裔中，认为这可能与方言有关；发现“昨年”往往错用在老师身上，而学生错用的情况较少，认为这种情况不排除是教师误导和负面影响学生而造成的。中文教师这种专业钻研精神和态度是值得学习的。

对于“不”和“没”的偏误是可以通过正确讲解和反复操练来纠正的。在初级中文教学阶段，中文教师至少应该讲解清楚：“没”既可以是动词“没有”，表示否定，比如“我没书”和“我没钱”中的“没”，也可以是放在动词前的否定副词，表示对动作的否定。再如，“不”是否定副词，与否定副词“没”的区别在于：“没”多对于客观事实和经验的否定，如“我已经没有钱了”和“我没去过北京”；但“不”多表示主观的态度和决心，比如“我不吃肉”“我不学英语”和“我不见你”等。中文教师只有将这些区别解释明白，并且帮助学生进行大量的强化练习，学生才能正确地运用。

分析拓展

缅甸语与汉语同属汉藏语系，二者有许多相似之处，也有很多区别。在海外进行跨文化的国际中文教育，我们对所在国的语言与汉语间的异同需要多了解。案例中提及了第三人称复数“老师他们”和第二人称复数“老师你们”之间的偏误、“不”和“没”的偏误、“昨年”和“去年”的偏误，这些都是缅甸语和汉语的异同之处造成的常见偏误，需要在缅甸从事国际中文教学的教师知晓。

再比如，缅甸语和汉语的“好的”“是的”在交际使用中的异同。在交际中，缅甸语“[hou^{ʔ44}kɛ^{53}]”“[hou^{ʔ44}tɛ^{22}]”与汉语“好的”“是的”都能独立成句。

缅甸语“[hou^{ʔ44}kɛ^{53}]”和汉语“好的”都可在答应事情、同意别人的要求（应允功能）和确认已知信息（确认功能）等语境下使用。应允功能通常用于应答祈使句，确认功能通常用于应答陈述句。

缅甸语“[hou^{ʔ44}tɛ^{22}]”和汉语“是的”都可在表判断确认（判断确认功能）和表肯定、同意、赞成（赞同肯定功能）的回答时使用。赞同肯定功能通常用于应答表看法、观点的陈述句，判断确认功能多用于回答一般疑问句，包括是非问句、“是不是”的正反问句等，也可用于回答语调问句即陈述句尾带上疑问语气或加上语气词后改变语调形成的问句。此外，缅甸语“[hou^{ʔ44}kɛ^{53}]”还可用于回应他人招呼。

由于“[hou^{ʔ44}kɛ^{53}]”有“正确、对”的意思，因此它还可用来回复“是……吗？”一般疑问句，以及在较为正式的场合中，用来回复事实说明类陈述句，以表确认。

汉语“是”有“是的”和“好的”两种含义，缅语“[hou^{ʔ44}kɛ^{53}]”也有这两种含义，但缅甸语的“[hou^{ʔ44}tɛ^{22}]”只有“是的”这一种含义，在听话人确认说话人说的内容是对的或正确的情况下才能使用。

如今，随着中文环境中网络语言不断增多，普通话里的“好的”和“是的”这些话语往往被替换成“嗯”“嗯嗯”。不管网络语新词多么发达，我们都不能忽略语言本身的含义、话语功能以及礼貌的语用表达，学习者都应该掌握基本的规范的话语，如“好的”和“是的”，并了解语言和文化背景的关系。

拓展思考

1. 外语学习过程中，出现偏误的情况很多。当学生发言出现错误时，你会采用什么方式给学生纠错？

2. 上课时，学生造句“他游泳得非常快。”你该如何跟学生纠错？

案例 20　一节给外国小孩的中文课

教学地点：越南　教学对象：初级水平儿童

在越南教中文时，我接过一个小班的教学任务。班上只有两个孩子，一个叫文森特，一个叫春梅。这两个孩子都特别乖，但是他们完全不懂中文。由于他俩都是德国和越南的混血儿，所以用英语跟他俩沟通起来也不是很顺利。我感觉自己陷入了困境，一度很迷茫。同时，小孩子的模仿能力又特别强，我说什么他们说什么，甚至连我发出的教学指令，他们也在不停地模仿。这让我一度很苦恼。

为了改进教学，我就去向覃老师请教。她有教小孩中文的经验，我想请她指导我，看看我有哪些需要改进的地方。覃老师告诉我说，在实际教学中，英语不是我们真正擅长的语言，也不是小孩的母语，所以用英语给他们解释汉语，其效果也不会很好。在刚开始教学时，中文教师能做的就是让学生跟着老师不停地说，这样做就是成功的第一步。还有一些教学指令性语言，虽然学生刚开始可能也听不明白，但时间长了，学生就会慢慢明白的。

带着这些经验，我半信半疑地开始给学生们上第二节课，这两个孩子明显比第一节课活跃多了。记得第一节课带学生学习数字，从一数到十，我让学生伸出指头来，学生迷茫地伸着指头，跟着我一个一个数字数着。从学生的眼里，我感觉到的是他们的困惑，对此我也很无奈。到了第二节课，我结合覃老师的经验在带学生数数时，明显感觉到他们很快就把指头伸出来了，甚至抢在老师前面说出数字，这让我很惊喜。

第二节课学习的词语是“弟弟、妹妹”，上节课学习了“哥哥、姐姐”。我采取覃老师的建议，没有用英语给学生讲词语的意思。为了检测学生是否真的听懂了，我问文森特：“文森特是春梅的——？”文森特听了很开心地大声说：“哥哥！我是哥哥！”更令我没想到的是，他竟然还蹦出了“我是哥哥”这样一个完整的句子！我顿时觉得很开心，学生竟然这么快就理解了！于是我继续问：“那春梅是文森特的——？”文森特大声说：“妹妹！”文森特很有成就感地对着春梅喊了句“妹妹”，脸上洋溢着幸福的笑容，而春梅则很害羞地笑了。

书上有一首儿歌，“弟弟弟弟真可爱，妹妹妹妹真美丽，弟弟弟弟笑哈哈，妹妹妹妹抱娃娃”，学习要求是学生会认读。对此，我尝试着做了一个抱娃娃的动作，两个小孩子竟然激动地抱在一起了！这让我又一次感叹：覃老师的话真的很有见地！小孩子学习语言，真的是从模仿开始的。我们甚至不用给他们讲什么意思，时间久了他们就可以意会了。

下了课，我很激动地把文森特和春梅在课上的惊人表现分享给了覃老师。覃老师又说，给小孩上课，他们的情绪很容易受到老师的影响。如果老师充分放松了，这样的状态和环境对学生学习语言会更有益。正如我给文森特和春梅上的第二节课上，两个学生与我更熟悉了，我也更放松了，所以学生的学习效果也更好了。我对眼前比自己大不了几岁的覃老师佩服得五体投地，说：“您讲课这么好，能不能让我听一节您的课啊？”覃老师爽快地答应了。

覃老师的班上一共有四个小孩，有一个小女孩的妈妈是中国人，其余几个小孩是混血儿。首先，覃老师采用“比赛谁的声音大”的方式，让学生复习学过的生词。覃老师说出生词，让学生做动作，学生一个个蹦跶得很欢快。哪个小朋友表现得特别好了，还可以跟老师击掌。覃老师的课堂充满了童趣。接着，覃老师又带学生复习了笔画表。这些步骤是每节课上的固定流程，时间久了，学生就会记得很熟悉。接下来就进入新课教学了。覃老师会一笔一画地将汉字“书”写在黑板上，然后让学生在自己的课本上写一个。由于学生之前没有写过汉字，所以写起来比较困难，但覃老师很有耐心地指导每个孩子一笔一画地写，然后打趣般地在黑板上学着小朋友写汉字的样子，逗得底下的小朋友哈哈大笑。同时覃老师又趁机问小朋友：“这样写对吗？”底下的小朋友都把脑袋摇成了拨浪鼓。覃老师又趁热打铁：“那我们再写一个，看谁写得对。”小朋友们争先恐后地在课本上又写了一个“书”字，这回的效果果然比上一回好多了。覃老师用同样的方法又指导学生书写了另外一个汉字“笔”。在此之前，我用成人的眼光看这本教材，总觉得这课本太简单了，根本不知道如何将这么简单的内容展开讲一个半小时，听了这节课我才知道，原来可以通过这样有趣的方式把汉字教给学生。课本上还有书、电脑、笔记本等黑白配图，需要小孩子自己动手填色。覃老师安排学生用学过的数字数一数书上的图片，看看有几本书。小朋友们大声回答地说有四本。老师再问："那其他的是书吗？""不是！"小朋友们回答道。"那就给书涂上你喜欢的颜色。"老师继续说道。小朋友们很是认真地涂了起来，不知不觉间就过去了一个小时，剩下的半个小时里，覃老师带学生学习了儿歌。她用视频带着学生学习，还跟学生一起蹦蹦跳跳的。

听完覃老师的这节课，我获益匪浅，最大的收获是明白了永远不要站在自己的立场上思考问题有多简单或多复杂，这是没意义的，而是要设身处地去了解教学对象的特点，尽可能让课堂教学符合教学对象的需求。这对我来说只是一个开始，希望有机会再多听几节覃老师的课，多从她身上吸收宝贵的教学经验。

案例分析

本案例的中文教师，不断思考和改进自己的教学，充分利用孩子模仿力超强的特点，带领学生边学边做肢体动作，课堂教学的效果因此大大提升。此外，她的经验告诉我们，对新手教师而言，不断地观课和模拟课是必要的。只有通过观摩其他老师是如何上课的，才能更好地反思我们自己的中文教学，进而取长补短。从覃老师充满童趣的课可以看出，教师轻松的情绪、高涨的热情能够很好地引导课堂氛围、带动学生积极地学习。怎样才能让小学生感到有兴趣呢？首先教师自己要化身为儿童，站在儿童的角度，拥有儿童的心态。教师多站在学生的角度去认知和思考，反过来也有利于教学的反思和改进。

其实，中文教学的理想方式就是"用汉语教汉语"，特别是对于动作、实物、数字、颜色等这些类型的词汇和简单的句式。用已学过的带未学过的，比如学了动词"想"和动作"吃"，就可以让学生自己造"我想吃苹果"等这样表达想法的句子。但这并不意味着所有的词汇和句式教学都不需要媒介语的帮助。利用媒介语或学生母语来讲解和翻译，有时可以提高教学效率。但作为中文教师，如果能尽可能地创造真实情景，将旧知识和新知识结合起来，用汉语去教汉语，那是值得肯定的，也值得我们不断地去探索。

分析拓展

给母语非汉语的小孩子上中文课，我们需要注意什么呢？

根据国际中文教育和低龄儿童的特点，对3–6岁幼儿教汉语口语时不教拼音，避免幼儿将拼音和英文字母混淆。可采用图片、实物、做游戏等方式上课，也可以借助中文动画片来上课。适用教材:《宝宝大书》系列、《我的第一本中文故事书》系列等各种幼儿读物。对7岁以后的儿童就可以教拼音了。拼音是整个汉语发音系统的重点，包括语音和声调。

由于孩童12岁前学外语有一定的优势，因此也应该把握好学习中文的关键期。适用教材:《快乐汉语》(中英对照，是中国的国际学校使用的中文教材)、《我的第一本中文词汇书》(中英对照，每课书中都有插图和相应物品的名称)。

教拼音时，除了分别教好声母和韵母以外，还要注意拼读。要逐渐教会孩子拼读的方法，达到孩子自己能拼读的目标。整个过程要循序渐进，不能操之过急，每节课教10个左右的拼音即可。另外，学中文离不开汉字，因此一节课可以合理安排时间，教拼音也教汉字。目前对于低龄儿童将汉语作为第二外语学习的案例并不多，从事相关工作的国际中文教师要更加注意相关素材、案例的积累和运用。

拓展思考

1. 结合少儿的心理发展特点，针对少儿中文教学，教师应该具备哪些素质?

2. 假如你正在从事少儿中文教学，你发现在你的课堂上，每次讲了十分钟后，就陆陆续续有小朋友无法集中注意力了，你会采取什么措施帮助学生集中注意力?

案例21 钟表风波

教学地点：韩国　教学对象：中级水平中学生

我星期五要在炫俊的班上教HSK四级课，打算一上课就给学生放听力题，所以需要用到电脑，可是办公室只剩下一台电脑，而且这台电脑的声音还特别小。一时也没有更好的办法了，我只好硬着头皮拿着这台电脑去给学生上课。糟糕的情况果然出现了，学生一直吵着听不见声音。我只好停止播放听力题，带着学生先做别的题。按照以前的习惯，课间五分钟我都会看着学生嬉闹玩耍，以保障学生的安全，但是今天由于电脑故障，课间休息时我只好拿着电脑下楼去办公室，想办法保证下半节的听力课能够顺利进行。在办公室，我把听力拷贝到另外一个老师的手机上，整个过程持续了超过五分钟，所以拷贝完以后我就匆匆忙忙地冲向教室，告诉学生们上课了，然后开始给学生放拷贝到手机上的听力题。放听力题时，我感觉课堂气氛跟往常不太一样，以往特别乖巧的学生这时候也一直在不停笑着，而我并不明白他们为什么笑。

在听力题放到最后一道大题时，世铉告诉我说："老师，还有五分钟就下课了！你给我们留作业吧！"我一看教室的钟表，的确还有五分钟下课。不知怎么的，我一直感觉这节课有些奇怪。按照以往的课堂进度，在听力做完后还有时间把阅读题处理完，今天的课怎么这么快就结束了呢？听力都还有一道题目没有做完啊？！不过我转念一想，可能是我今天多浪费了几分钟吧，所以才会感觉课堂时间短暂。于是，我只好给学生布置了作业，并带领学生一起总结了今天的课，然后就让学生下课了。

可是，当学生们嘻嘻哈哈地走出教室，我也收拾完东西下楼时，我才发现别的老师、别的班都还在上课呢！我赶紧来到办公室，一看表，才八点二十八分！而这时，我的学生们早已经冲出学校回家了。这个时候，我陷入了深深的自责之中，也明白了是怎么一回事。我的大脑在不停回放此前上课的情景：今天上课时，学生们的表现反常，世铉和炫俊不停地笑。其实在我怀疑时间过得比以前快很多的时候，我完全可以看一下手机，避免这个恶作剧的，但是我没有这样做，并因此导致提前下课。我把这件事如实报告给了学校负责人，同时提出了一个请求：希望这件事情不要告诉学生家长，只要让学生认识到错误的严重性就好。

星期一上课前，韩国老师把学生叫了过去，严肃地质问学生到底是谁动了教室的钟表，并告诉学生，只要他们承认错误，就不会告诉他们的家长；如果他们拒绝承认和解释，学校就会调取监控视频让家长来看。见此情景，学生们都很诚恳地告诉韩国老师说，他们本来只是想开一个玩笑，现在已经意识到了问题的严重性，并表示会继续好好上课的。我看到炫俊一脸害怕的表情，知道他是真的意识到错误的严重性了。后来上课时，我告诉学生，当节课和下节课都取消休息时间，算是一个小小的惩罚，学生也都很配合地点点头。经过这件事情，学生上课比以前听话多了。

这个钟表风波让我反思，虽然一个孩子搞一些恶作剧本无恶意，但是如果影响到了课堂教学，那么也必须得让学生意识到问题的严重性。但这件事情如果让韩国家长知道了，家长们甚至可能会动手打孩子，那问题就更严重了。所以只要让学生意识到问题的严重性，使他们能在今后的课堂上有更好的表现，就是这件事情最好的处理结果。作为老师，应该有处理问题的周全意识，要用最合适的方法处理好课堂上的突发情况。

案例分析

顽皮是孩子的天性，思维活跃而又调皮的他们为了表示与老师关系的亲密，偶尔会使用恶作剧与老师开玩笑。该案例描述的就是这样一个恶作剧事件。在解决此次恶作剧事件的过程中，该教师使用跨文化交际理念来解决问题，这是本案例最大的亮点。

恶作剧是无论哪个国家的孩子都会做的事情，而且大多数情况下的恶作剧都是没有恶意的。该教师在发现学生调整了教室的钟表导致提前放学后，第一反应不是责怪学生顽皮，而是责怪自己没有多方面确认时间。这样的思路可以帮助我们在理性分析的情况下尽快平复心情，理清事情发生的脉络，找到问题的症结并反思总结，避免下次再犯同类错误。

随后，该教师向学校负责人寻求帮助。这样做的好处是将矛盾置于学校负责人和学生之间，避免了该教师和学生的直接冲突。试想一下，换作学生时代的我们，无恶意地与老师开了一个玩笑之后，如果老师表现得十分生气，甚至与我们产生了冲突，那么我们是否会与这个老师产生一些隔阂，从而觉得老师开不起玩笑甚至因此而不喜欢这个老师呢？如果回答是肯定的，那么在这样的心态下，我们也会逐渐不喜欢这个老师所教的课程。该案例中教师的处理方式也是在遵循这个道理。如果该教师与学生产生直接冲突，那么将直接影响该教师的教学效果。相反，选择向学校负责人求助，这不仅将该教师置于远离冲突的安全地带，同时负责人利用当地的语言和处理习惯与学生进行沟通也能提高处理问题的效率。这与我们所熟知的“一个唱红脸，一个唱黑脸”的教育理念是相似的。

当然，在整个问题的处理过程中，最难得的一点是该教师能够站在韩国学生文化背景的角度下选择合适的方式处理问题。孩子在学校犯错后，不同国家的家长有不同处理方式。西方国家的家长一般会选择和孩子聊天，让孩子在聊天中认识到问题的严重性，有的家长还可能会包庇自己的孩子，向学校投诉老师。但韩国的家长一般会打犯错的孩子。在这样的文化差异下，该教师在处理问题时强调，只希望让学生意识到问题的重要性，不需要告诉家长，这既达到了处理问题的目的，又维护了孩子的自尊心。这样的跨文化意识不仅能够帮助该教师处理可能遇到的其他问题，也有助于该教师在课堂教学和日常生活中更顺利地沟通交流。

当我们在异国他乡任教时，课堂教学中需要遵重当地的课堂文化，日常生活中要融入当地的风俗。一般情况下，这些文化风俗都需要我们主动学习了解并有意识地接受、适应，这是一个从输入到输出的过程。但当我们要处理问题时，我们的潜意识里首先出现的往往是我们的母语文化。此时，如果当地的文化与我们的母语文化有很大差别，那么我们不仅不能顺利解决问题，还可能会激化矛盾。因此，遇到问题时，我们在冷静、理性地进行分析后，依旧需要从当地文化风俗出发，选择他们可以接受的解决策略来推进问题的解决。

分析拓展

通过该教师的细致描述，钟表风波的整个过程已十分详细地呈现在我们眼前。我们除了要从中学习该教师机智处理问题的方式外，还应注意该案例反映出的两个十分普遍的问题——课堂突发事件的处理问题和学生安全问题。

首先是课堂突发事件的处理问题。该案例中的突发事件是学生对电脑声音太小感到不满意。其实关于教学设备的问题大多是可以避免的，只要做到提前检查即可，但如果教师没有预留足够的应急时间或准备其他备选计划，当问题出现时就会直接影响上课。当然，有关设备问题的突发事件可以通过提前检查避免，但课堂上还可能有其他让老师们猝不及防的事情发生。遇到这类问题，教师们首先切勿自乱阵脚。只有当教师的反应沉着稳重，学生们的表现才不会过激，课堂纪律也将得以维持，方便教师做进一步的引导和安排。接下来，教师就可以在保证学生安全的前提下对突发事件进行灵活处理。如该案例中的教师可以调整一下课间休息时间，让学生推迟一段时间再进行午休，并利用这段时间给学生布置一些题目，让学生尽可能待在教室，且有任务可做，没有做别的事情的机会。

第二个问题是学生的安全问题。其实在该案例中，学生做恶作剧并不是最大的问题，因恶作剧导致提早放学而产生安全隐患，才是该教师迫切希望学生明白的问题。无论是东方还是西方国家，学生的安全问题都是被放在首位的。除了课堂上选择的游戏和活动一定要在保证学生安全的前提下进行以外，教师们还应注意上课期间学生离开教室的问题。有的学生的确需要接电话或上厕所，有的则是偷偷溜走，还有的是打着上厕所的旗号偷溜。这就需要教师灵活根据自己班级的情况制定相应的规则，如离开不能超过 5 分钟、上厕所需要先向老师报备并将手机留在教室等。无规矩不成方圆，过于放任学生在上课期间进出教室不仅会影响学生学习的连贯性，也会打扰教师的教学思路和其他同学的学习。

无论是课上还是课下，我们即使在课前已努力做好充分的准备，或多或少仍会遇到一些让我们措手不及的问题。但也正因如此，我们也才有更多的机会学习进步，并为更多的中文教师提供更多、更好的方法，帮助他们解决类似的问题。

拓展思考

1. 课堂管理是提升教学质量的关键因素之一，可以通过哪些方面进行有效的课堂管理？

2. 当你正在上课时，如果学生开了一个不太合适的玩笑，你应该如何处理？

案例 22　课堂用语要注意

教学地点：柬埔寨　教学对象：初级水平本科生

我所任教的柬埔寨学校，学生很懒散，上课经常迟到。12 月 1 日晚上，原计划是下午 5 点 30 分上课，7 点钟课程结束。但是，到了上课时间，我发现班里就来了两个学生。5 点 30 分以后，学生们才姗姗来迟。我尽管有些不高兴，但此时我还没有太难过。上课时间到了，由于人太少，我就等了半个小时才开始讲课。这半个小时里，学生也不间断地进入教室。最让我气愤的是，在我讲课的过程中，有几个学生一直在讲话、吃东西，扰乱课堂秩序。于是我就让他们起来回答问题，并提醒他们不要再讲话了，但是他们依然不听。此时特别生气的我，就说了一些比较重的话："你们真的很吵！很多老师都反映了这个问题，都说你们很吵！"我说完这句话，他们把目光转向我，终于安静下来了！我也不再多说什么，继续讲课。过了一会儿，有个女生对我说："老师，我们真的很吵吗？"我回答说："嗯。"晚上七点，我的课在没有完成既定任务的情况下就结束了。

回到家里，我一打开 Facebook（脸书），就发现上课吃东西、乱讲话的那几个学生在班级群里 @ 所有的老师，并且说："老师们，我们真的很吵吗？你们这样说会伤了我们的心！"当看到这些话的时候，我感到很诧异。还在气头上的我，第一反应是他们不但没有反思，反而还说这样的话来倒打一耙。不过，我并没有立刻在 Facebook 里回复他们。那天晚上，我难以入眠，一宿没睡。我前前后后想来想去，多次复盘整个过程，想知道是不是我处理得不对？如果这些学生因为我说的话产生了厌学情绪，那该怎么办？

第二天清晨，我主动去找那些学生。我首先向他们道了歉，然后用委婉温和的方式指出了他们的错误。后来这几个学生也向我道了歉。自此之后，他们几个上课就不乱说话了，听课也更认真了。

案例分析

中国有句俗话是“一句话说得人跳，一句话说得人笑”，形容的就是说话的语言艺术。与人沟通需要讲究语言的艺术，在课堂上更需要使用语言的艺术。该案例就反映了语言艺术对课堂管理的重要性。

该案例实际上涉及两个问题：课堂语言和课堂管理。

首先是课堂语言选择的问题，这是该案例最明显的问题。课堂语言说什么？什么时候说？在什么情况下说？用什么方式说？这些都是值得老师们思考的问题。教师作为课堂的引导者，其课堂语言备受关注，语言所表达出来的效果也会被放大。案例中，学生迟到影响了教学进度，学生上课吃东西、聊天又影响了教学效果，在一系列影响下，教师的心情指数已处于一个负值状态。此时课堂上聊天的学生仍屡劝不止，这如导火索一般，使该教师在课堂上“爆炸”了——说出“你们真的很吵！很多老师都反映了这个问题，都说你们很吵！”我们知道，人在生气时说出的话不会是婉转悦耳的，因此，案例中的老师在这种情绪下无论选择什么语言去表达，都达不到维护课堂秩序的最佳效果，甚至会伤害学生的自尊心。但值得表扬的是，该教师很快意识到了自己的错误，在课后向学生道歉并进行沟通。此时的教师，心情是平静的。在没被极端情绪左右的情况下，该教师理智地选择用委婉温和的话语指出学生的问题，最终也得到了学生的认可，收获了良好的效果。

可见课堂语言的选择除了表面上对语句的组合外，还有深层次上对情绪的控制，以及对表达场合的选择。控制情绪有利于我们更理智地处理问题和组织语言。如果我们反被情绪控制，可能会让问题变得更加棘手，甚至会产生新的冲突。选择正确的场合进行表达也有助于解决问题。课堂是集中传授和接纳知识的场合，用集体的时间去处理个人的问题，是对其他人的不公平。与此同时，当着全班同学的面处理个别同学的问题，使班级的焦点都落在个别学生身上，这会打击学生学习的积极性，更伤害该学生的自尊心。而课后的面对面交流，或是通过社交软件进行的交流，都是更加私密的交流，能够尽可能保护学生的积极性和自尊心。这种环境也能给予教师充分的时间去选择合适的语言进行交流，达到事半功倍的效果。

其次是课堂管理问题，这也是导致该案例产生的核心问题。本案例教师一开始就指出，柬埔寨的学生有着十分懒散的特点和上课迟到的习惯。现实果然如此，到了上课时间，学生还没到齐。教师为了等学生，又影响了上课进度，导致这一节没有完成既定的任务。一连串恶性教学事件就这样发生了。然而，面对这群天性懒散，爱迟到的学生，我们中文教师真的就没有办法吗？答案肯定是"不"。"懒惰"绝不仅仅是他们的专利，而是人类天生的一种属性。如果不加以约束，懒惰的程度就会越发严重。因此，我们不能一味迁就学生的懒惰，而应迎难而上，主动出击，解决问题。

新学期的第一堂课，对整个学期都是非常重要的。教师不仅要介绍这一个学期将要学习的内容，还要阐释新学期的课堂规则和期末计分制度。因此在新学期的第一堂课上，老师就可以针对学生懒惰、爱迟到的坏习惯制定一些规则。例如，课程开始后迟到 15 分钟以上当做一次旷课；本学期迟到次数超过十次者不能参加期末考试等。

与此同时，教师应对按时到达教室且遵守课堂纪律的学生予以奖励。因为利用正式上课的时间等待迟到的学生，看似保证了迟到学生学习的权利，实则是对按时到达教室的同学的一种不公平。在类似情况发生时，教师不应一味等待，而应选择按时上课。这既是对按时到教室的学生的尊重，也能让迟到的学生产生一定的羞愧心理，并且意识到如果迟到便会错过部分知识。

课堂语言的形式选择固然重要，但是在词语组合的表层形式之外，该形式表达背后所涉及到的事项、情绪、目的、语气，甚至选择该语言形式的原因，也都是国际中文教师应该考虑和斟酌的。只有兼顾这些因素，我们才能选择出更加合适的课堂用语，进行更加高效的课堂教学。

分析拓展

众所周知，在中国的课堂上，学生的状态通常是安静地聆听老师传授知识并认真记笔记。但在其他一些国家比如柬埔寨的课堂上，学生的上课状态就要"活跃"很多。学生经常会以小组的形式进行讨论，采用讨论式学习方法，也会经常打断老师并举手提出问题。久而久之，在这样的文化环境下，他们便形成了在课堂上随时进行讨论的习惯。

在跨文化交际过程中，作为国际中文教师，我们应秉持积极理解并适应目的语文化的态度。当地课堂文化也是当地文化生态的一部分。当教师遇到与案例类似的问题时，要记住“沟通”是解决跨文化交际问题最有效的途径。例如，我们可以选择向当地教师和有经验的中文教师寻求帮助，这也是“沟通”，是间接地跟当事的学生“沟通”，将这些老师丰富的教学经验与当地的文化相结合，形成既适合我们自己教学风格，又符合当地文化的问题解决方案。我们也可在课后与学生聊天，了解他们上课说话的原因，然后有针对性地选择解决办法，并婉转地表示希望他们能够尊重中文课堂文化，保持适当的安静。

在不同文化背景下，课堂文化也呈现出多种多样的形式。我们国际中文教师不应局限于母语文化背景下的课堂，总想着以母语课堂文化要求当地学生。相反，我们应放下部分母语文化的习惯，用全新的自己去体会和适应当地文化，融入当地课堂。我们要充分利用好第一堂课，阐明新学期各项教学制度，然后再选择适合当地课堂的最佳课堂语言和教学方法，并管理好课堂。

拓展思考

1. 学生在学习、生活中不可避免地会发生一些错误，如何正确地进行批评尤为重要。当学生犯错误时，教师应该怎样表达建设性的批评意见？

2. 当你正在上课时，学生在座位上吃东西，还分享给了其他同学，大家注意力都在吃的东西上。这时你该怎么做呢？

案例 23　用当地语言上课需谨慎

教学地点：泰国　教学对象：初级水平小学生

我刚到泰国时，被单独分到了一所学校。这所学校比较偏僻，离大城市比较远，和其他中文教师所在的学校也相隔较远，平时我身边没有一个说汉语的人，而我又不懂泰语。但是，为了方便教学和生活，我必须自己突围，所以我一到泰国就尝试着学点儿泰语。我们知道，单纯学会语言也许不是很难，难就难在弄懂语言背后蕴涵的文化意义。要完全精准地学会一门语言，是需要下大功夫的。否则，学错又用错，那就非常尴尬了。

最初在泰国学泰语的那段日子里，我多次听泰国学生说 a lai wa（啊来哇），借助当时的语境，我大概明白这句泰语就是“什么”的意思。我记住了这句泰语，并且在上课时用了，结果很多学生一下子就惊呆了！有的学生立马哈哈大笑起来，有的学生露出了奇怪的表情。当时，我不知道学生们为什么会这样，但是也感觉到当中肯定有什么不对劲儿的，心里想：难道是我说错了吗？更让我惊奇的是，当我说了这句话后，学生们一下子就精神抖擞了。我发现这句话非常有魔力，对缓解学生疲劳、赶走学生的瞌睡、防止学生走神，都有非常好的效果！于是，我在接下来的几天里，基本上在每个班都要用一用 a lai wa（啊来哇），发现效果真的很神奇。

过了没多久，我班上的一个学生就到我的管理老师那里打报告，说我在课堂上说 a lai wa。然后，我的管理老师就来找我问：“学生说你在课堂上说 a lai wa，是真的吗？”我很疑惑地回答说：“是真的，怎么了？”她听后有点儿激动地对我说：“你不可以在课堂上说这句话！这是脏话，而且一般是男生才会这样说！”听我的管理老师这样一解释，我瞬间犹如五雷轰顶。我弱弱地低声问：“a lai wa（啊来哇）难道不是‘什么’的意思吗？”我的管理老师说：“是这个意思，但是这很粗俗、不文雅。一般礼貌文雅的说法是 a lai ka（啊莱卡）！”

后来，我更深入地学习了泰语以后，才发现这两句泰语的差别类似于中文里

“什么鬼”和“什么呢”的区别。“a lai wa”这句话类似于一个感叹句，主要不是为了问“你在干什么”，而是要表达“你搞什么玩意儿呢”或者“你搞什么鬼呢”，表示对方所做的事或所说的话感到疑惑不解，表达的是不满和鄙夷的情绪，语用上比较粗鄙，所以泰语中一般不说这句话。一般人们只有在心情不好、准备吵架时，或者在关系特别好，好到可以开玩笑的朋友间，才可以说这句话。

泰国的学生都是比较可爱、善良的，我很庆幸遇到的是这些可爱的学生们，容忍我说了几天脏话。换作在其他国家，说了脏话的我可能就被投诉了。所以说，中文教师在海外教学，课堂上使用当地语言时一定要知其然也要知其所以然，尤其要学明白语言背后的社会风俗文化，当地课堂用语选择一定要谨慎。

案例分析

本案例的中文教师通过亲身经历告诉我们，在海外中文课上，使用当地语言一定要谨慎，在使用前一定要理解其表达的确切含义，尤其是对有文化联想义的文化词汇，更要注意其使用的语境。在泰语中，同样是表达“什么”的意思，却有不同的表达方式，而且这两种表达方式具有完全不同的语用色彩义。不了解其差异的中文教师如果只是刻板地模仿当地人，在课堂上只会闹笑话。

该教师在汉语课堂上第一次说泰语时，学生对这句话的反应就很强烈，起先是惊讶，然后是哈哈大笑，有的学生还感到很诧异、尴尬。其实，这位中文教师当时就应该及时询问学生大笑的原因，找出尴尬背后的缘由，那么也不至于在不同的班上多次出现相同的状况，最后还需要通过同事来告诉自己并纠正自己的错误。关于上课使用当地语言的问题，用心的老师至少会做到两点，一是事前做好充分的准备，弄清楚一个词语或句子的含义和使用语境；二是事后能及时纠正自己犯下的错误，以免下次再犯。

本案例还给了我们一个很好的启示：在中文课堂上，当地语言只有被正确而恰当地使用，才可能带给我们意想不到的收获。在很多非英语母语的国家和地区，中文课都是以英语作为教学的中介语，如果中文教师偶尔蹦出一个当地语言的词语或句子，学生会感到十分惊喜，也会一下子精神抖擞起来。中文教师甚至可以借鉴当地语言中搞笑的词语、歇后语，或者语言本身的语法结构来活跃一下课堂氛围，只要内容文明健康、表达恰当即可。比如，尼泊尔语中，对于结构是“S+O+V”（主语+谓语+宾语）的语法形式，动词的肯定和否定都在句末才出现。有一次，一位尼泊尔学生问中文教师有没有糖，老师先是顽皮地笑了笑，假装有，然后又用尼泊尔语说“Masanga candy...chhina（我没有糖）”，一下子就把学生逗乐了。所以，合理适当地使用当地语言，就像本案例中的中文教师所说的，有时候的确有缓解疲劳、赶走瞌睡、避免走神的魔力。

分析拓展

从表面上看，这是一位教师在课堂上误用了不文明语言而导致的小误会。但我们深入思考一下，可以发现问题产生的根本原因其实是教师没有在适当的场合使用适当的语言。该教师选择使用这句话，其目的是调节课堂气氛，出发点是好的，只不过这句话并不适用于课堂教学场合，因为它是一句脏话。

我们作为国际中文教师要思考一下，在我们上课所教的句子中是否也有一些句子，应该根据不同的使用场合做一定的修改呢？教材、课本相对于时代发展有一定的滞后性，但我们所教、所学的语言应该是鲜活的、当下的，要有时代感。例如，在巴西通用的葡萄牙语版的《当代中文》教材中，第二课里就有一句话非常奇怪。课文中写道，当男生想得到女生的手机号码时，男生说的是：“可以给你打电话吗？”这句话放在现在的中国，是用来询问对方是否有时间进行通话，而并非表达希望得到对方的手机号码。因此在教这个句子时，我们就应该根据目前中国的通用表达方式进行教学。例如在正式的场合，如果想要获取他人的联系方式，我们可以询问对方是否有名片；如果仅是朋友间的交流，我们更倾向于直接添加对方的微信。

由此可见，表达同样内容的句子在不同的场合有不同的表达方式。这也要求我们在进行国际中文教学时擦亮眼睛、仔细对比、认真分析，以便帮助学生们学到最恰当、最鲜活的普通话。

拓展思考

1. 有人说，中文教师一定要懂学生的母语，这样教学才会更顺利；也有人认为教汉语并不需要其他语言的帮助。你是怎么看待这个问题的？

2. 课堂上，你说了一句学生的母语，引发哄堂大笑，大家都议论纷纷。这时你该怎么做呢？

案例 24　打破沉默

教学地点：越南　教学对象：初级水平儿童

新学期伊始，学校给我的授课班级全都是新的班级，其中有一个班级是大家早有听闻的“无声班级”：老师在这个班级上课时，无论怎么说话，学生只会保持沉默。一想到我就要成为他们的老师，我不禁感觉压力很大，但我还是要尽可能地为第一节课做好准备。

为了在新学期伊始和学生有一个好的开始，我给每个学生都送了一个从国内带来的小礼物。和学生们打招呼的同时，我点名认识了一下学生，并把礼物发给每个学生。收到礼物时学生们还是兴奋地观察了一番。于是趁着学生兴致比较高，我给学生们讲了一些我的要求，告诉学生在我的课上可以说话，可以相对随意一点，但是说话必须用中文，这是最基本的要求。学生们还算配合地点了点头。

第一课是 HSK 四级课程第三课。给学生讲生词时，我努力地让学生开口读、运用，但除了一个学生稍微配合外，其他学生都只是看着，似乎课堂上任何活动都与自己无关。我只好点名让不读的学生来读生词，但是学生脸上写的也是不愿意。最终，一节一个半小时的课，仅仅讲了 15 个生词，原本的计划也全部被打乱了，第一堂课就这样不欢而散。作为一名教师，我要以学生的反应来衡量自己的教学效果。下课后我反思了很久，也许是我的教学方法不符合大多数学生的要求，所以他们才没有反应。我用了很长时间准备下一堂课。为了能让学生有一些反应，我准备了一些简单易懂的笑话来活跃课堂气氛。

第二堂课上讲到“压力”这个词。我对学生说，现在很多中国人在感到压力特别大的时候，喜欢说“压力山大”，表示压力大得像山一样，但是“压力山大”其实并不来自中国，而是一个外国人的名字“Alexander”，因为它翻译成汉语的发音和“压力山大”相似，所以逐渐被人们接受并用来形容自己压力很大。学生们听后莫名笑了起来。看到学生们的反应，我终于松了一口气。接下来的课堂，讲到了关于时间过得很快的话题，我说："时间过得很快，谁能告诉老师，2016年还有几天？"有学生很认真地算着，也有学生开始说："老师你老了！"我接着说："对呀，老师老了，你们才能长大啊。"突然之间，一个从来都不说话的学生用很标准的中文问了一句"那老师，你有丈夫吗？"话音刚落，所有认真思考的学生也突然加入了好奇的队伍，争相发问。面对这个回答不是，不回答也不是的问题，我只好采用转移话题的方式让课堂继续下去。我对一开始提问的那个学生说："你今天表现真好，老师第一次听到你用标准的汉语跟老师说话。能告诉老师，wife用汉语怎么说吗？"学生们一起回答"妻子"。比起上一堂课，这一堂课时间过得很快，我也感觉到了一丝轻松。

这堂课使我更加坚信，没有沉默的课堂，只有不会活跃课堂的老师。虽然对于相对安静的我来说，活跃课堂有些难度，但只要用心，课堂还是有希望变得活跃的。

案例分析

亚洲一些国家的中文课堂整体上是比较安静的，比如日本、韩国、中国、越南等，学生的表现不会像欧美国家的学生一样，大胆、爱问问题、爱表达。但中文课终归是语言课，需要学生大胆地开口、高强度地操练，才能收到理想的效果。作为中文教师，既要意识到这种文化差异，了解学生的特点，同时也要积极地采取一些措施，引出学生感兴趣的话题，设计易于让学生开口的活动。

本案例的中文教师，通过讲解"亚历山大"一词的由来和含义，引得学生笑声阵阵，说明这样的教学内容是学生感兴趣的。而在讲解"时间过得很快"的话题时，教师能够紧密联系生活，询问学生这一年还有多少天，让学生自己举例子，学生一下子有了问题意识，当然愿意主动开口了，中文课堂随之也变得活跃起来，打破了以往的安静和尴尬。

当遇到相关问题时，根据学生的反应，中文教师最应该做的就是自我反思和调整教学设计。中文教师应该坚信：没有一直喧哗的课堂，也没有一直沉默的课堂，课堂的魔法棒一直牢牢地掌握在教师的手中。

本案例的中文教师，一开始设计的词汇教学内容在课堂上没有被按部就班地执行，主要在于学生的配合度不高，学生不愿意参与，因为这样的词汇教学是枯燥无趣的，效果不佳。好在中文教师能够及时认识到这种情况的存在并作出调整，尽量在词汇讲解的过程中寻找学生的兴趣点，并与实际生活相关联，如此一来，教学的效果大大改善。

此外，中文教师在课堂上被学生追问个人隐私问题时，采取巧妙转移话题的方式，值得我们借鉴。特别是面对好奇心强烈的中学生，一定要考虑学生的年龄和心理特征，不要将与话题无关的内容在课堂上无限发挥，这将浪费教学的时间，也不利于建立良好的师生关系。

分析拓展

如何调动学生课堂的积极性？

首先，教师要重视感情的投入，以自己真挚的情感引发学生的共鸣，用爱去滋润学生的心灵，这对培养和保持学生的学习兴趣有很大的促进作用。

其次，要转变长期以来教师讲解、学生被动接受的课堂关系。受社会政治和社会生活的影响，传统的师生关系是一种权威依从关系。这种师生关系无疑会扼杀学生的学习兴趣。我们必须摆脱这种传统思想的束缚，正确认识教师充当的角色，平等地对待学生。

再次，教师千万不能吝惜赞美的话，因为学生都喜欢受到表扬。赞扬会调动学生学习的积极性，同时会增强他们的自信心，从而提高他们的学习兴趣。即使学生真的做得不好，老师也不要过于严厉地批评，而应该实行鼓励教学。

最后，创造最佳语言学习环境，尽可能使教学内容生动、直观、具体，使学生在较真实的语言环境中提高用中文思维学习语言的意识。丰富的电影资料可以使他们了解风土人情、地理、经济、政治等知识，有助于丰富教学内容和扩大学生的知识面。中文视频还可以提供真实、丰富的语言和灵活多样的教学模式，有意识地通过声音、图片和影像使学生产生兴趣，能极大地弥补中文课堂教学的不足。

拓展思考

1. 课堂非预设事件，是指教学过程中出现的一些不在教师预先准备范畴内的课堂突发事件。面对课堂非预设事件的发生，教师应该采用什么应对策略？

2. 写字课上，你点了几位学生到黑板上来写汉字，可是他们都拒绝上去写。这个时候你该怎么办？

案例25 树立威严

教学地点：蒙古国　教学对象：初级水平小学生

我在蒙古国蒙根综合中学教中文。这所学校校风严谨，对学生和老师的管理都比较正规、严格，要求教师上班穿蓝色西装。我教授的学生很多，从一年级到五年级的，另外还有十一和十二年级的。学生从一年级下学期开始学习中文，课程设置主要是中文兴趣方面的基础课。从二年级开始学习汉语拼音，三年级开始学习汉字笔画和整体汉字。

由于在赴外任教前的培训班上学了很多中文教学的游戏，我认为中文的课堂学习一定要有一到两个游戏，可实践证明，课堂游戏太浪费时间了。此外，蒙古国老师特别是班主任，本身就对学生管理很严格，而到了中文课堂却有做游戏的环节，这让学生觉得中文课是好玩的课，是不需要认真学习的课，从而导致中文课堂管理出现了很多问题。

我们学校的中文课是蒙古中文教师和中国中文教师一起上的，我刚开始来上课时也没批评过学生，因为一般都是蒙古老师用蒙语直接进行课堂管理。加上课堂上我会带领大家做一些游戏，我自然就给学生留下了一个温和的形象，学生自然也就不怎么怕我。

但是没多久，和我一起上课的蒙古中文教师请了两次假，每次请假差不多一个月，这就给我上课造成了一定的不便。没有了蒙古老师的课堂管理，作为中文教师的我在学生心中的威严又还没有树立起来，于是小学生就开始调皮起来了：上课的时候注意力不够集中，懒懒散散，或者讲话，或者乱跑。最严重的一次发生在三年级，有一个调皮的小团伙，在课上乱跑乱撞，直接影响其他学生上课，课堂乱得不成样子。由于我平时对学生过于亲切，没有树立起老师的威严，当时我无论怎样生气、怎样批评这些调皮捣蛋的学生，或者怎样做游戏都没有用，都吸引不了他们的注意力。那是我上过的最漫长的一次课。最后还是请了另外一位蒙古中文教师来教室把学生们严厉地批评了一顿，他们才变乖。其他班也有类似的问题，但只涉及一两个调皮的学生，问题没有三年级严重。

管理育人是教育的重要组成部分。不同国家的老师有不同的管理方式，中文教师在管理学生时，也应考虑到不同国家学生的特点。例如，英美国家对学生的管理是开放式的，那么中文教师也要相应调整自己的管理方式；如果任教的所在国是严式管理模式，那么我们也应与其保持一致，采取严格的教育管理方式。另外，对不同孩子的管理也要尝试不同的方法，对待学生要有极大的耐心和爱心，不能轻易放弃任何一个学生。在教学的过程中，要不断尝试新的教学和管理方法，要找到适合学生的方法，提高教学管理质量。

案例分析

不同国家和地区的教育理念、教学管理风格不完全一样，因此，国际中文教学有时候也要“入乡随俗”。在一个教育管理非常严格的国家从事国际中文教学，如果中文课堂规则不明确，中文教师又一直温和近人、温文尔雅，那么一定会给学生留下“中文课就是游戏课而且中文教师很容易搞定”的印象。因为中小学生尚未形成成熟的人生观、价值观、世界观，对于中文学习的重要性、实用性、必要性没有正确的认识。有时候，中文教师的“纵容”还可能会被学校的本地教师误解为缺乏经验，能力不强，或者教学态度不认真。

我们并不是说不准教师用玩游戏的方式教学，也不是说课堂活跃有趣就不好，而是说所有游戏环节的设计都要在两个前提下进行。第一个前提是，所用游戏对于学生进行语言操练行之有效，而不仅仅是为了娱乐；第二个前提是，游戏的开展要建立在遵守班纪班规的基础上，奖罚一定要分明，而班规在中文教师的第一堂课就要说明和执行。中文教师从第一堂课开始就要树立威严的形象。当然，中文教师可以根据任教学校当地的实际情况，结合自身的性格特征来调整上课方式和风格。

针对小学生调皮好动、容易分神、自觉性差的特点，中文教师进教室的第一件事就是给学生布置清晰的任务，让他们明确自己应该做什么，否则教室就会乱成菜市场。此外，也可以采取其他方法来集中他们的注意力。比如，以问候语、儿歌或者绕口令的方式讲授新课知识，最好配合肢体动作；要求学生看到中文教师到来了就齐声问候，或者齐声唱歌。这样往往能让嘈杂而无所事事的学生立即集中到一件事上，很快安静下来。当然，我们也可以玩“不许动”的游戏：教师随时可能说出“123，木头人，不许动”的口令，无论学生在做什么，都要学木头人，不许动，否则严惩。这些方法使用熟练以后，可以让学生很快把精力集中在某一件事情上，或者让学生很快安静下来。

案例中的中国中文教师请蒙古本地中文老师帮助自己管理班级的做法也是值得肯定的。的确，在从事海外中文教学时，我们可以适当利用本地教师和学生家长来协助我们进行教学管理。相比起学生眼里的我们这些外籍兴趣课教师，本地教师更了解学生情况，学生也往往更敬畏本地教师。另外，及时和学生家长沟通交流也很有必要。我们可以将学生的真实情况反映给家长，同时说明家长需要配合的事项。有时候，家长对学生的一句警告和期许比中文教师的很多付出都要管用。学生的教育和发展、成长和成才，是学校、家庭和社会共同作用的结果，因此中文教师在教学实践中要充分协调各方，形成合力。

分析拓展

课堂教学管理要有规矩，要坚持贯彻“玉不琢不成器”的理念，对犯错和违纪的行为要批评教育，而且这种批评教育要有成效，既见言语也见行动。千万不能放任、纵容，这样不但会坏了规矩，还会坏了人性和人心。既要有“杀鸡儆猴”的方法，也要有树立“榜样”、见贤思齐的方法，对那些表现特别不好或者特别好的学生，要拿出来放在大家面前论论对错。这样坚持下来，假以时日，学生的良好习惯就会养成。

但是也应注意，学生毕竟不是玉石，把学生当成“玉石”来“琢”，也是一个“技术活”，需要把握好“度”。

针对课堂管理育人这个问题，以下的一些方法可供参考。

方法 1：严格要求，严肃认真，严密设计，树立威严。良好的开端是成功的一半。刚开始上课时一定要做到“四严”：严格要求学生的言行举止，严肃认真地组织管理课堂，严密设计教学计划，树立起老师的威严。学生犯了错或者没有写作业，一定要拿出老师的气势，严厉地批评，虽然学生听不懂教师用中文说了什么，但是他能感受到教师营造的这种批评他的氛围。批评学生一定要当着全班的面，这时全班学生都会安静，一来可以树立教师的威严，二来也有一种“杀鸡儆猴”的感觉，其他学生可以从中知道什么能做，什么不能做。当然，学生年龄小，该关心的地方一定要好好关心。

方法 2：用充实、多样化的学习任务填充学生无所事事的闲散时间。中文教师进教室时就要给学生布置任务，不管是什么，一定不能让学生无事可做。如果学生无事可做，闲散的时间多，那么小学生就会展露天性，互相调皮打闹。另外，学习任务和上课形式都要多样化，千万不能中文教师一节课讲到底。老师讲一部分，同时引导学生回答问题，让学生做笔记，让他们把听说读写跟做练习结合起来，才能让小学生更容易集中注意力，也能让中文教师更好地进行课堂管理。除非某个游戏非常好，不会造成课堂混乱，不会扰乱课堂纪律，否则一些游戏能不做就不做，避免给学生留下中文课堂就是“玩”的课堂这样不好的印象。

方法 3：既要布置任务，更要检查任务的完成情况，据此奖惩分明。中文教师每节课下课前都要预留两分钟检查学生的笔记和作业，检查好了的学生可以先走，完全没写或者没写完的学生一定要留下来批评。对作业完成情况不好的学生，要利用课间时间让他们补写，直到完成才可以放学生走，这样可以很好地管理学生的作业，因为学生如果想下课了就去玩，就会在课堂上提前认真完成作业。中文教师要做好相应的记录，等到家长会时可以给家长看看学生的作业和上课表现情况。

方法 4：积极利用互联网，沟通家长、老师和班主任，形成教育合力。可以看看当地的学生父母都用什么社交媒体，利用这个社交媒体建一个群，平时多和家长沟通说明学生的学习情况。对于不写作业次数太多或者上课表现一直不好的学生，要及时与他们的班主任和家长沟通，一起帮孩子纠正这些不好的习惯，让学生知道他们自己的父母知道他们在学校的表现，这样学生们就会有所忌惮。

拓展思考

1. 强调教师的“绝对权威”，有助于通过严格的纪律控制课堂，快速解决课堂冲突。但是，这样的“绝对权威”可能会产生哪些不好的影响？

2. 新学期的第一堂课，如何合理、有效地树立教师威严？

案例 26　脸谱的尴尬

教学地点：泰国　教学对象：零基础小学生

在去泰国任教之前，我准备了一些代表中国传统文化的器物，例如毛笔、水写纸、剪纸图案、脸谱、扇子、中国结以及编中国结用的绳子。不管是装饰教室还是上文化课，这些都是很好的素材和工具。

有一次，我在布置教室时特意在墙上挂了几个脸谱。本想着京剧是中国的国粹，脸谱又是京剧的代表元素，这样的装饰一定能让我的中文教室很有中国味。结果呢，学生们一到教室就指着墙上的脸谱哈哈大笑，还故意做出狰狞的表情，嘴里大声说着“皮”。这让我很费解：为什么学生会有这种奇怪的反应呢？难道对他们来说，脸谱真的很吓人吗？为了一探究竟，课后我问学生“皮”是什么意思。他们用英语告诉我，在泰语里，“皮”就是“鬼”的意思。他们还告诉我说，之前泰国本土中文教师给他们上课时，如果有谁不认真听课、大声喧哗，老师就会指着墙上的脸谱说：“谁上课不听话，晚上‘皮’就会去找他！”听完学生的解释，我哭笑不得，心想，难道学生们认为老师在教室里挂这些脸谱就是专门为了吓唬他们吗？如果是这样，那么我们的脸谱跳进黄河也洗不清了！所以，我必须向学生们介绍中国的脸谱文化，必须帮脸谱洗清冤屈。而要介绍脸谱文化首先就会涉及颜色词，但此时我的学生们还没学习到颜色词的有关内容，于是我就把脸谱文化课安排在颜色词教学之后进行。

汉语颜色词相关内容的教学结束之后，终于迎来了我计划并期待已久的脸谱文化课。上课一开始，我就给学生介绍京剧，给他们播放京剧视频。当我问学生喜不喜欢京剧时，大家都表示很感兴趣。借此机会，我指指墙上的脸谱，又指指视频里京剧人物的脸，告诉大家说这是一样的，同时强调这不是“皮”而是京剧中的人物脸谱。由于泰国人对颜色的理解和中国人并不相同，所以很难去解释颜色在脸谱中所代表的文化含义。但是在泰国总能看见五颜六色的房子和汽车，而且学校师生每天都穿不同颜色的衣服，这说明泰国人对颜色是偏爱的，一定有他们自己的理解。我作为中文教师，必须准确把握泰国人和中国人对颜色的基本理解。于是我请本土中文教师帮我把事先准备好的颜色及其所代表的含义翻译成泰文，放在 PPT 中。这样一来，学生很快就对脸谱有了一定的了解。然后我又准备了一些主色为红色、白色、蓝色的脸谱图片，让学生简单分辨哪些是好人，哪些是坏人。结果，学生们能够分辨出大部分脸谱是好人还是坏人，特别是白色脸谱最容易分辨出来。为了进一步验证学生是否真的理解了脸谱颜色的文化含义，我特意准备了一些没有颜色的脸谱图发给他们。我告诉学生们，现在可以自己给脸谱涂上颜色，各自涂色的脸谱就代表自己。结果，真的很少有学生涂白色和黄色，涂红色和蓝色的最普遍。最后，我把大家的成果展示在教室的展板上。脸谱文化课结束时，我指着墙上的脸谱问大家："这个是'皮'吗？"大家纷纷摇头。我又问："现在还害怕吗？"大家笑着摇头。通过这次的脸谱文化课，我很成功地给脸谱洗刷了冤屈，而且让学生对中国的颜色文化含义有了更深入全面的认识。

后来有一次我让学生画画，画的是上中文课的教室，很多学生画了一些标志性的中国文化元素，比如中国国旗、八卦、扇子等，其中竟然还有脸谱！我很欣慰，心里想，现在脸谱在学生心目中应该是中国传统文化的代表之一，而不是所谓的"皮"了吧？！

案例分析

无论是从处理问题的角度，还是从教学设计的角度而言，该案例都是一篇成功且值得各位国际中文教育志愿者借鉴的"文化洗白"案例。脸谱作为中国国粹——京剧的重要组成部分，代表着博大精深的中国文化，早已传播到了世界多个国家和地区。但在该案例中我们很容易发现，在泰国或者说在该教师任教的学校，学生对脸谱文化还是十分陌生的。因为当本土中文教师把脸谱比作"鬼"来吓唬不遵守纪律的学生时，学生们都信以为真。因此可以看出，泰国学生对中国脸谱文化是无感的，相关知识是空白的。加之本土中文教师的误导，学生对脸谱的恐惧和误会就更深更大了。

为了化解这个误会，该教师特意将"洗白"计划安排在颜色词教学之后。这是该案例的第一个亮点。因为这样的设计可以让学生在有意识地复习颜色知识时，无意识地接受脸谱文化的熏陶，以此消除对脸谱文化的误会。与此同时，再向学生科普不同颜色在中国文化中所代表的人物性格特征，可谓是一箭三雕的好方法。而在具体操作上，该教师由于有本土中文教师的协助，在解释颜色的代表含义时直接使用了学生的母语而非英语或中介语，这不仅便于学生理解，也避免了词语在三种语言的翻译过程中出现新的误会，造成新的麻烦。此举简洁有效，是十分明智的选择。这是该案例的第二个亮点。之后的分辨颜色和画脸谱环节，表面上是将所学颜色和颜色的代表含义运用到实践中，实则给学生接触脸谱的机会，让他们在接受颜色的代表含义的过程中，逐步降低内心对脸谱的恐惧。这个环节使学生对脸谱的认识从视觉感性认识转变为逻辑理性认识，让学生逐渐适应脸谱文化，也化解了他们对脸谱的误会。这是本案例的第三个亮点。

当然，除了帮助学生消除对脸谱的误会以外，该教师其实还可以从源头入手，从一开始就抑制这种误会在更多的学生心中发酵。通过案例的描述，我们可以反思一下：学生对脸谱产生误会真的仅仅是因为本土中文教师的误导吗？如果在此之前他们就对脸谱有一定的认识，他们还会被误导吗？如果该教师在用脸谱布置教室的同时就对脸谱文化进行一定的科普，那么之后的误会也许就会小一点。所以，在我们与学生交流的过程中如果涉及到一些极具中国特色的文化元素，我们首先需要向学生进行及时且正确的科普，不给误会留下传播的机会。其次，在发现本土中文教师对该文化领域也存在误解甚至误用时，我们也可以在课后与其积极沟通，避免其在课堂上延续错误的解释和示范。我们甚至可以像案例中的中文教师一样，向本土中文教师寻求帮助。

当然，除了脸谱，还有许多优秀的中国传统文化不为外国友人所了解。也正因如此，我们国际中文教师肩负着重要的文化传播使命。虽然我们遇到的具体问题不同，但都要积极努力地寻找好的解决方法，不断反思、总结和分享经验，相互学习，推动国际中文教育的进步。

分析拓展

随着中国经济的不断发展，我国的国际地位不断提高，越来越多的外国人开始接触中国、了解中国。但是在一些西方人眼中，中国依旧是“神秘”的代名词。在巴西，甚至有学生报名学习中文，只为亲眼看看中国人到底长什么样！中国文化博大精深，中国的历史文化、传统服饰文化、饮食文化、中医药文化等对我们中国人而言都是需要不断探索学习的宝库，何况对外国友人呢？所以说，增强以汉语国际传播为基础的中国文化传播力，是中华民族伟大复兴的必然需求。但由于诸多复杂的原因，一部分外国友人对中国文化产生了某些抗拒和误解，这就需要我们努力工作，改变他们的错误观念，树立中国优秀传统文化的正面形象。因此，如果中文教师或者教师志愿者身处的海外任教环境不太理想，文化科普以及“文化洗白”就变成了一项十分艰巨的重要任务。关于如何具体操作，该案例就给出了一个较好的示范。

首先要做的便是追本溯源找到问题产生的原因。本案例中，既然学生对脸谱的误会来源于误导，那就要通过正确的引导来消除误会。在国际中文教师应该具备的能力中，理解能力是很重要的。这个理解能力就是理解学生问题的能力，不仅包括能够理解学生提出的困惑，还应包括能够理解学生在交流中表现出来的问题。例如“把脸谱当做鬼”就是对中国文化的一个错误理解。只有理解了学生的问题所在，找到了问题产生的原因，才能对症下药，找到解决问题的方法。

其次要将科普的文化知识与教学内容相结合。该案例将脸谱成功“洗白”的方法就是将脸谱和颜色词教学相结合。试想一下，如果该教师安排一节课的时间对脸谱进行一个十分详细的科普，效果如何？那些对脸谱本就具有畏惧心理的学生能理性且快速地接受这堂课的观念吗？显然很难。如果学生已经对某个文化产生了自己的观点，此时教师再强行灌输某种不同的观点，会让学生觉得老师在狡辩，是在为了“洗白”而“洗白”，从而形成更严重的抵抗心理。此时的教师便可像该案例中的教师一样，从教学内容入手，采取迂回战术，让学生在不经意间接受中国文化的熏陶，逐渐放下心理防御，慢慢地接受、理解该文化。

最后，心态很重要。虽然在进行跨文化交际时，文化误解和文化冲突的问题是无法避免的，但我们完全可以凭借前辈和同行们的经验以及自己的创新思路将其顺利解决。其实，大部分的学生在进行关于文化内容的提问时都只是对某个问题十分好奇，想跟老师进行分享。而教师可以直言自己的观点，也可以委婉地给出建议，让学生自己思考。所以积极、主动、真诚地沟通交流，一定是最重要的。

拓展思考

1. 在中华文化国际传播的过程中，作为国际中文教师及志愿者，如何讲好中国故事，传播好中国声音？

2. 有一天，学生在网上看到臭豆腐的视频，问你：“老师，中国人为什么要吃又黑又臭的东西呀？”你会怎么回答呢？

案例 27 “五步拳”学习一波三折

教学地点：尼泊尔帕坦　教学对象：初级水平小学生

“同学们，今天我们学习中国武术！”我的话音刚落，男生们就摆好出拳的动作，一副跃跃欲试的样子。有几个调皮的男孩子已经踢到了旁边同学的腿上，引起了阵阵尖叫。由于教室空间有限，我让男女生分三列依次站开。不一会儿，学生很自觉地排好了队，可是却站成了男生和女生各一列，学生两两之间几乎没有间隔，前胸贴后背地站着，胳膊根本伸展不开。见此景，我让每列后面的五位同学站出来另外排成一列，谁知这十位同学扭扭捏捏，站在原来的位置死活不动，脸上还露出了不情愿的神色。我心想，男生应该会大方、大胆、勇敢一些，于是我让女生先站出来，再让男生凑到女生后面去。谁知我刚想这样做，男生就对着我连连摆手，表示拒绝。于是我安慰大家说：“男孩女孩都一样的，大家不要害羞！”说完以后，我强硬地要求那五个男生站在了女生队列的后面。他们很不情愿地走了过去，嘴里一边嘀咕着“她们是女生……”

随后，我用英语向学生解释了“五步拳”的含义，并配合动作进行示范讲解。就在学生凝神学习时，教室里响起了“咘咘”的断裂声响，接着一位男同学突然“哈哈哈”笑起来，指着前面一位男同学的屁股说“look！ look！……”（看！看！……）这下所有人都停下马步，凑过去看那位男同学。只见他的裤子后裆上裂了一大条口子，屁股直接露了出来。他向后仰着身子，用双手掩着屁股，低着头，一脸的尴尬。其他学生见状，更是笑得前仰后合，教室里一下子炸开了锅。我赶紧走过去让那位同学回宿舍换裤子，与此同时我也打开手机播放音乐，激昂的五步拳武术配乐立刻吸引了学生们的注意，大家一下子就安静下来了。接着我趁机强调了纪律，告诫大家说，只要我喊道“准备”，所有人必须安静下来，双手并于腿侧，否则将失去学习中国武术的机会。学生们一听，很快就都安静了下来。

接下来的“歇步盖冲拳”等步骤进行得很顺利。在课程结束前的五分钟，我讲解了“武术”精神的内涵，并告知学生牢记，武术最主要是用于自我锻炼和自我防护，我们不能轻易用武术去伤害别人。这群生长在尼泊尔帕坦古城的初级小学生们似懂非懂地点了点头，高兴地冲我笑，直到我走出了教学楼，还有学生趴在窗口冲我喊着：“Madam，thank you!”（老师，谢谢！）我回过头去望着他们微笑，挥一挥手，心里却五味杂陈。

案例分析

教师希望学生通过一节课的五步拳学习，能够体验中国武术文化，了解中国武术精神，增强学习中文的兴趣。尽管从学生的最后反馈来看，这一节课的教学目标是达到了，但是整节课却显得有点“手忙脚乱”。不过可喜的是，该教师在混乱的课堂中能够随机应变，关键时刻能够通过播放武术音乐吸引学生的注意，进而强化规则纪律，这种做法是很明智的。但是，从跨文化交际、课堂管理和整节课的环节安排等角度来说，这节课还是存在以下几个方面的问题。

首先，对于文化课的课堂纪律要求，教师同样要提前而明确地告知学生。本案例中，对学生间相互踢打引起的尖叫行为，教师没有及时制止，并趁机提出纪律要求和奖罚措施，这是不合适的。教师们经常在开学第一堂课强调课堂管理要求，但强调的重点往往只针对汉语语言课程。课程性质一旦改变，上课模式完全不同时，学生往往无所适从。学生会因课型的变化而感到兴奋，甚至放纵自己的行为。因此，教师可以在上一节课时就告知学生下节课可能学习的内容，并强调纪律要求。总之，要提前准备，未雨绸缪。

其次，教师要充分了解当地的风俗和学生的心理特征。课堂上男女学生之所以不愿意排成一列，是当地的风俗习惯和学生年龄特征决定的。尼泊尔是印度教发达的传统国家，认为男女有别，要保持距离，所以多数学校的男女学生上课都是分列而坐，往往男生坐一边，女生坐另一边。此外，六年级的学生处在生长发育期，对于性别的认识很敏感，有时候让男女生进行对话练习就会引起其他学生的起哄。当他们不愿意站成一列，最好不要勉强学生，勉强只会引起反感和误解。教室的空间不够，教师应该提前安排，带学生去更加开阔的地方。

最后，教师要提前“预设”，适当调整整堂课的环节顺序。一是在上课一开始就强调武术的精神要义，因为这是本节课的灵魂，而且学生此时的注意力最集中，教师也可以借武术“非攻”的一面要求学生遵守纪律，不随便伤害同学。另外，讲解方式可以更丰富，并配合相关图片，使讲解更生动。二是教师应提前实地考察教室容量、学生服饰，并提前把安排告知学生。既然是文化体验课程，也要充分考虑到学生的安全问题。

总结起来，在文化课开始之前，教师的备课很关键，要考虑到教学内容的设置、教学环节的安排、教学开展的可能性、教学中可能出现的意外及对策等等。只有充分的预设、合理的假想，再加上提前的实地考察和对教学对象提出的相关要求，才能完美呈现一节中国文化体验课。

分析拓展

尼泊尔是印度教国家，风俗习惯都受到宗教影响，整体上比较保守。因此在尼泊尔开展中国文化课程及相关活动，一定要考虑到跨文化交际的因素，尊重当地的风俗习惯。这包括教授的内容，例如在播放相关的中国美食短片时，要避免出现牛肉和与牛肉相关的食物，因为“牛”在印度教中是圣物，否则会被视为冒犯行为；还有教授的方式，比如教授武术过程中的男女站队问题、不同性别的教师和学生间的肢体接触问题等等。最好确保男女生之间保持一定距离，并采取同性别学生相互帮助的方式。

尼泊尔学生生性活泼好动，爱表达，重参与，所以教师除了要确保课堂环节设计得有趣，练习方式安排得丰富，还要做好课堂纪律管理，这个也非常重要。语言课程通常通过奖罚机制，从第一节课开始就形成了惯性，课堂管理方式方法相对成熟。文化课程由于不同的内容设计和不同的开展模式，再加上学生数量多，课堂管理的难度大增，这种难度也容易被教师和学生忽略。因此，文化课程教学的顺利开展，要求教师做好“预防”和“预设”，并强化对室内或室外课堂的纪律要求，提前告知学生注意事项。文化课程要和语言课程一样，无规矩不成方圆。

拓展思考

1. 在海外教学，进行体育运动前，要注意哪些方面？

2. 假如你在海外教学生太极拳，正在上课时，一个女孩子说：“老师，这个太极拳没意思，我喜欢中国舞蹈，你教我们跳中国舞吧！”你会如何处理？

案例 28　别样的“旅程”

教学地点：巴西　教学对象：零基础中学生

我在巴西任教时，有一个班是由我所在城市的各个公立学校的不同年级学生组合起来的。学生来自不同学校和不同年级，是这个班最大的特点。为了开这个班，我和负责人到各个公立学校的每个班级去进行中文课程的宣传，前后足足跑了两周，所以我特别希望能够将这个班的第一堂课上好，以吸引更多的学生来上课。

以往我上第一堂课时，总是向学生大量介绍中国的传统文化，而且带很多实物去展示。绚丽的实物能够吸引学生的注意力，一般都能帮助我成功地上完课，也能引起一部分学生的兴趣，但我深知这种灌输式的传统文化介绍存在很大的局限性。首先，万一学生对我介绍的东西不感兴趣就会造成学生流失，更重要的是这些传统文化内涵丰厚、博大精深，一般的现代中国人要能深入浅出地阐释清楚非常不容易，很多时候是心有余而语力不足，要想做到创新性发展和转化就更难。因此，我一直希望能够有所改变，让第一堂中文课更加生动，更加贴近中国的现实生活，也让我讲得更有底气。

有了这个想法后，我用了一周的时间来琢磨上课的内容和流程。然后就有了这样的第一堂汉语课。

在我上这一堂课时，正好遇到当地孔子学院在进行夏令营活动的营员选拔，而学生们最熟悉的学校中文课程负责人 Lucas 成功入选夏令营活动，马上就要去中国体验生活，经历一段别样的旅程。我就用这个大家熟知的事件来导入新课，并将这一课命名为“Lucas 在中国的一天”。导入新课后，我问了大家一个问题：“你们觉得 Lucas 在中国会遇到哪些有趣的事情呢？”因为 Lucas 是学校的教师，和大家关系都很好，学生们一下子就来了兴致，马上你一言我一语地讨论起来。有学生说，中国东西贵，Lucas 买不起；有学生说，中国空气差，Lucas 一到就会后悔，就会要回来；还有学生说，中国人吃狗肉、吃虫子，Lucas 会饿死的。

听到学生的讨论发言，我的内心五味杂陈，真是哭笑不得，想不到大家对中国的误解这么深。但是我并没有马上反驳他们，而是带他们走进最平常也最真实的中国。

这一堂课我以讲故事的形式开始，从 Lucas 坐飞机到中国说起，整个故事不仅介绍了中巴之间的一些常识性知识，比如空间距离、时差、季节差异等等，还介绍了中国现代社会最新而且十分普及的一些技术变革，比如高铁、移动支付、网上购物、共享单车等等。当介绍到这些最新的技术给中国人带来新的生活体验时，巴西的学生们感觉有点不相信，他们脸上流露出的惊叹和向往之情显而易见。看着他们惊叹和向往的眼神，我知道现在是时候解答他们提出的那些“不太友好”的问题了。我告诉他们，中国的网上购物不仅便宜，而且迅速。我顺便在网上搜了很多美食的图片，给他们介绍了中国丰富多彩的饮食小吃，并告诉他们大部分中国人都是不吃狗肉和虫子的，相反，我们的食物非常丰富、可口，顺便提议大家抽个时间一起去中餐馆体验一下。至于中国的东西贵和空气质量差，我告诉学生这是需要辩证看待的，不能戴着有色眼镜看问题，先入为主的观念也是不可取的。我希望 Lucas 结束中国之旅后能够现身说法。我相信通过 Lucas 的亲身经历，学生们一定会对中国刮目相看，对现代中国有全新的认识。

课上完后，我自己也十分感慨。面对一群对中国有误解甚至完全不了解中国的年轻学生，原来可以通过贴近生活的故事和问题让他们的课堂参与度变得这么高。我特别庆幸自己做出了课堂教学方式的改变。这堂课的成功也提醒我，作为一名教师，要时刻保持课堂教学的初心，敢于创新、善于创新，要努力突破自己的惯性和定式思维方式。

案例分析

本案例的中文教师向我们展示了第一堂中文课应该上什么，怎么上。可以说，这堂课教学目标清楚明了，教学内容真实地贴合现代中国，教学的方式大胆创新，是一堂成功的中文课。海外的中文课堂复杂多变，中文教师面临自主招生，学生年龄参差不齐、汉语水平不相同、学习目的不一致等情况，这无疑是中文教师教学的难点所在。但不同背景的学生面对“第一堂中文课”所抱有的尝试性心理是一样的：看看中文课是不是我感兴趣的。由此，这位中文教师第一堂中文课的教学目标很明确，就是尽量让每一个学生找到自己对中国、对中文感兴趣的地方，吸引并留住学生。只要课堂上有学生，海外国际中文教育就有希望。

本案例的中文教师从以下几个方面为我们提供了参考借鉴：

第一，在教学内容上，教师大胆摒弃对离我们比较遥远的传统文化的实物展示，因为简单而不深入的展示并不能让学生参与进来，反而很容易让他们产生距离感，特别是在有限的一堂课的时间里，更不可能展示所有的内容，也无法保证每个学生都喜欢。比如教师花大量的时间为学生展示京剧脸谱，讲解背后的文化内涵，或者教师自己只是展示讲解，但又不会唱京剧，那么那些不感兴趣的学生就会感到无聊，下堂课很可能就不来了。中国传统文化的现代阐释是一个巨大的时代命题，要深入浅出地在海外中文教学中呈现是有难度的，尤其是对于年轻的中文教师和中文教师志愿者而言，难度更大。如何在明确教学目标的情况下做好这样的课程教学，是需要精心设计安排的。本案例中的中文教师，把目光转向当代中国，是符合教学对象的学情的。出于这种考虑，该教师选择展示现代中国丰富而真实的内容，中国与外国的距离、时差、季节差异，以及中国的高铁、移动支付、网上购物、共享单车等，这些都更容易让年轻人站在现实的角度，把中国与自己的国家进行对比，因此感到真实有趣。传统文化不是不讲，而是要在合适的时间和场合，围绕着特定的教学目标去讲。

第二，在教学方式上，中文教师大胆创新，以故事的形式展开，并且能够把大家熟悉的学校工作人员搬出来作为导入新课的话题，让学生感到尤其真实。围绕 Lucas 在中国的一天行程，从其吃喝住行以及所见所闻的角度帮助学生了解一个真实的现代中国，中文教师独具匠心的一点就在于“引导”，而不是灌输：先让学生自己发挥想象，发表自己的看法，通过交流找出学生在认识中国上的误解和偏见，然后教师再向学生展示最真实的中国面貌，帮助学生树立正确的认识和看法。国外汉语学习者由于自身经历有限，对中国的了解多通过互联网，而互联网上片面的报道很容易让学生产生刻板印象。本案例中提到的中国空气质量差、中国人喜欢吃乱七八糟的东西的印象就是如此。在这种情况下，中文教师的引导方式很重要。教师有两种选择，一种是站在学生的对立面，义正言辞地直接告诉学生，他们错了；另一种是采取适当适时的点拨，或提出一个问题，或展示一些证据，让他们自己去发现自己错了，这样更能让人信服。

分析拓展

海外中文教师经常会遇到学生提出关于中国的负面问题的情景。这些问题包含了政治、民族关系、环境、社会风俗、饮食文化等多个方面。有一部分学生对此问题的认识是片面的，印象是刻板的，甚至带有厌恶和敌对的心理。这些问题，学生在任何一个时间和场合都可能提出来，并且为他的说辞提供相应的图片、视频、数据等证据，这对于一个刚刚踏上工作岗位、缺乏经验的新老师来说，往往让人感到措手不及，甚至心理不适。其实，无论问题如何千变万化，只要中文教师具备了基本的问题意识和思辨能力，就不会被学生牵着鼻子走。

首先，教师一定要端正立场，对这些敏感问题一定要有自己明确的态度。维护国家的声誉是国际中文教育从业者应尽的义务。其次，积极关注时事热点，对于可能的提问做好预设，特别是对课程学习过程中可能涉及到的相关话题，要提前备好课。必要时，对同类问题要做好分类总结，比如领土争端问题。再次，中文教师在解答和引导方式上要合理，完全不必直接跟学生争得脸红耳赤，不妨将相关的话题作为一次讨论课，分小组让学生自己去搜集资料，去相互辩论，学生在学习的过程中自然就能够树立理性的观念。总之，面对这些敏感问题，立场要坚定，知识要丰富，方式要灵活，要做到有理、有据、有节。

拓展思考

1. 在海外教学时，老师在课堂上让学生比较中国和所在国的政治制度。你觉得合适吗？为什么？

2. 在海外传播中国文化，除了传统的课堂，还应将文化教学延伸至课外。为了提升学生了解中国文化的积极性，可以举办哪些类型的活动？

案例 29　在蒙根中学教中国画

教学地点：蒙古国　教学对象：初级水平中学生

文化是语言的灵魂，语言是文化的载体。2016 年我在蒙古国从事国际中文教学期间，除了语言教学任务之外，还有一定课时的文化教学任务。当时我在蒙古国蒙根综合学校任教，蒙根综合学校开设有服装设计、油画、素描、缝纫、话剧表演、舞蹈、音乐、飞机模型制作等课程，每年都举行盛大的活动，展示学生的成果和风采。蒙根综合学校特别注重学生艺术素质的提升和艺术氛围的营造，这为开设中国绘画课提供了良好的契机和环境。因此，我准备在文化教学中增加中国绘画教学内容的计划，得到了东亚系主任和教务部主任的支持。我很有信心，希望使中国绘画成为蒙根综合学校中文教学的一大特色。

由于蒙古国的半日制教学制度，蒙根综合学校 1–6 年级的学生下午上课，上午休息，而 7–12 年级的学生上午上课，下午休息，再加上文化课课时有限，我就将中国绘画课程安排在每周四下午 13：30–14：55，每次两课时，教授对中国绘画感兴趣的 7–9 年级学生。每周固定有 6 名学生来上课，他们很喜欢中国画，每一次画画都特别认真、努力。作为老师，我感到特别欣慰。这 6 名学生中有两名华侨，汉语水平相当好，他俩在我的教学过程中负责翻译，甚至能翻译一些专业术语。这给了我很大的帮助，大大减轻了我的教学负担。我希望学生们真心热爱中国绘画，热爱中国文化。从最简单的中国画开始学习，从一朵花、一片叶、一棵树、一块石头中去学习中国画的技法，假以时日，用笔用墨的功夫会越来越精湛，画的对象越来越生动，绘画的题材越来越广泛，情感的流露越来越自然。

对于中国绘画的教学，我也在不断地摸索和改善，尽量达到尽善尽美。在第一次中国画教学中，我先在黑板上贴上自己的作品，告诉学生画画的先后顺序和每一步绘画的方法，再让学生进行绘画。但是，我很快发现这样做的效果并不好，于是便改变了教学方法。考虑到蒙古国很多人信奉佛教，喜欢荷花图案，我就以荷花为例进行教学设计。

第一步，展示和讲解自己的荷花作品，讲解荷花在中国人心中的文化内涵。

第二步，在黑板上用粉笔画出荷花。这是因为我的作品图幅较小，学生看不清荷花的具体轮廓，为了使学生都能够看清楚，增加了这一过程。

第三步，在黑板上贴上空白宣纸，每画一笔就告诉学生绘画方法，学生模仿着自己画。在学生模仿绘画时，我在一旁指导学生。

第四步，一幅画模仿完成后，再给学生空白宣纸，学生进行练习，我在一旁指导。

第五步，最后一步就是我评价学生的画作，评出最优者。

这种方法将绘画过程分解开，学生能够清晰看到具体的每一部分的绘画方法，在绘画初期，能够进行简单的模仿，画出很好的作品。虽然学习绘画的孩子非常努力，但也存在一些问题，这些问题我也在努力解决。

首先学生人数较少。蒙根综合学校汉语班 7–9 年级共有 27 人，学习中国画的学生有 6 人。其次，绘画工具有限。绘画所用的颜料、宣纸、墨等是由我提供的，毛笔是学校提供的，但质量一般，直接影响绘画的效果。再次，语言不通。学生们汉语水平普遍较低，我也只会一点点蒙语。借助于汉语水平较好的华侨学生翻译，我尽量让学生能够模仿老师的绘画方法。最后，中国画作品展示的平台少。蒙古国孔子学院每年都有中文歌曲、征文、中华典籍、民族舞蹈等大型比赛，但是很可惜，中国绘画书法等艺术比赛较少。

除了中国画，我还为学生们开了中国篆刻的课程。中国篆刻是将书法和篆刻结合，用于制作印章的艺术。蒙古国学生对篆刻并不陌生，因为蒙古国也有书法和篆刻艺术，因此，篆刻讲解就容易一些。但因为篆刻的印石有限，学生们没有足够的工具进行篆刻。后来，我突发奇想，用胡萝卜替代印石来上篆刻课，效果相当好。胡萝卜容易买，而且质地较软，很容易雕刻。

案例分析

海外中文课堂上，文化课上什么、怎么上，要注意些什么，本案例给了我们一些思考和启发。中国传统文化博大精深，可以呈现给学生的有很多很多，但呈现时要注意一些原则。就教授的文化内容而言，首先要考虑到绝大多数学生的兴趣；其次要考虑学生的年龄特点和学习能力，比如给三年级的孩子教授长拳就不太合适；再次要考虑到学校的教学条件，有些学校不能提供设备，学生没有能力获得用具，使得文化教学尤其是体验性强的文化内容教学无法开展，这就不在考虑之内；第四要考虑文化内容的代表性，不能与当地的宗教文化相抵触，要在大的环境下符合人们的审美认知；第五需要是中文教师擅长的，且属于进一步推广和发扬的计划安排中的内容。本案例的中文教师，选取荷花作为国画教学的内容，就是考虑到荷花在蒙古国具有特别的含义。

文化教学切忌只是死硬地教。中文教师要在实践中改进教学方式。该案例中的中文教师由最开始的教师展示成果，学生模仿，调整到教师现场示范，再分解步骤，这就使得学生掌握起来更加容易，理解更加透彻。

文化教学中，最重要的就是把其中的文化内涵讲解清楚。例如本案例中荷花在中国文化中的寓意以及中国画的技法都需要讲解。在教授其他文化内容时也需要讲解文化内涵。比如对中国武术，就要先讲清楚中国武术里面蕴含的养身、自卫等思想文化内涵。对书法要讲清楚横、竖、撇、捺中的卧蚕、悬针等技巧。在教授中国篆刻的内容时，教师奇思妙想，用日常随处可见的胡萝卜代替很难获得的印石，教师示范雕刻，学生兴致盎然地模仿，教学成果丰厚，学生充分感受到了印章的艺术美。

海外教学的条件差别很大，有很多国家和地区很难获得相关文化教学的中国材料，中文教师自己制作，或者找相似品替代都是有可能的，比如可以用墨水代替墨汁。有些学校不准学生携带刀制品，剪纸时只能用圆规代替小刀等。这些都是可以理解的，但是文化教学一定要把其中的重要文化内涵和思想精华正确地传达给学生。

分析拓展

国际中文教育中常见的中华文化教学内容有哪些呢？太极拳、五步拳、国画、剪纸、书法、戏曲、踢毽子、中国舞、汉服制作等，每个中文教师多少都能信手拈来一两个。这些都是中国文化的具体表现形式，是几千年中国文化艺术的结晶。但是，每一项都需要基本功，需要长期不断地学习才能取得进步。中文教师最开始教授学生时主要以培养和发掘学生的兴趣爱好为目标，引导学生自己探索发现。而且这些文化活动各具特点，难度差别也不同，国际中文教师要根据所在学校的教学要求和不同年龄学生的特征来选择文化教学内容。一般踢毽子、剪纸、汉服制作等运动类和手工类的文化活动适合中、小学学生；中国舞和书法、五步拳、长拳适合初、高中学生，因为此阶段的学生具备较强的学习能力和耐力，也喜欢运动难度较大的活动，尤其是韩国舞蹈风靡的东南亚，学生学习中国舞蹈的热情也很高；太极拳比较适合对中国文化有一定了解、具备一定养生意识的、年龄较大的中老年学员，因为太极拳动作缓慢、力量内藏，年轻人对此的兴趣没有中老年人高。总而言之，教无定法，国际中文教育是一项充分考虑教师组织能力、协调能力和变通能力的工作，中文教师也要充分发挥自身的能动性和创造性。

拓展思考

1. 在海外教小朋友学习中国画、书法、剪纸等传统艺术时，如何更好地介绍这些传统技术的文化背景？

2. 在海外进行中国画教学时，所在地区买不到宣纸，只有普通的白纸，你该怎么办？

案例 30　中秋节

教学地点：巴西　教学对象：零基础老年班

“独在异乡为异客，每逢佳节倍思亲”。时逢国内中秋节，远在巴西从事中文教学的我，思乡情思一时甚浓，于是我和几个中文教师约在一起，决定自己动手，丰衣足食，利用互联网学做月饼。可是一不小心，月饼做多了，我便想到不如把这种中国传统美食带去课堂给学生们尝尝。既然都准备品尝月饼了，那当然得讲讲中国的中秋节了。于是在中秋节这一天，我给巴西学生上了一节关于中秋节的文化课。

一上课，为了烘托一下气氛，我给学生们放了中秋节经典歌曲《但愿人长久》。学生们都沉浸在优美的旋律中，特别陶醉。听完歌，学生们争先恐后地问我歌曲的名字，我借机给同学们介绍了这首歌背后的宋词《水调歌头·明月几时有》。这是宋朝文学家苏轼 1076 年中秋节创作的词。词以月起兴，以与其弟苏辙七年未见之情为基础，围绕中秋明月展开想象和思考，把人世间的悲欢离合之情纳入对宇宙人生的哲理性追寻之中，表达了词人对亲人的思念和美好祝愿，也表达了词人在仕途失意时旷达超脱的胸怀和乐观的态度。介绍完歌曲的背景，我告诉学生说，今天在中国正好是中秋节，这是中国的一个特别重要的传统节日，今天我们就来学习一些和中秋节有关的故事和中文知识。

关于中秋节的神话故事，我讲了嫦娥奔月。我首先放了一个简短的视频，介绍嫦娥。我告诉学生说，古代的英雄后羿从天上射下九个太阳，拯救了人类，西王母为了奖赏后羿，赐给他一种长生不老的药。后羿不愿意独自成仙，将药交给了妻子嫦娥保管。然而，后羿的弟子逢蒙出于贪婪，企图抢夺仙药。嫦娥在无奈之下，吞下了仙药，从而飞升到月宫，成为了月中仙人。这个故事后来衍生出中秋节的传统习俗：人们会在这一天祭拜嫦娥，祈求平安和吉祥。随着时间的推移，中秋节不仅仅是祭拜嫦娥，还逐渐发展成了团圆和庆祝丰收的节日。

介绍中秋节当然离不开介绍传统美食，我主要介绍了月饼、桂花糕、柚子、石榴、桂花酒等。在美食介绍环节，我教了“吃”“喝”“喜欢”三个动词，然后让学生练习“主语 + 谓语 + 名词”句型，再扩展到“主语 + 谓语 + 动词短语”句型，最后通过“你喜欢什么？”和“你喜欢吃 / 喝什么？”这两个句子来进行问答交际练习。例如，“我喜欢桂花糕”“我喜欢喝桂花酒”等等。

最后，我又教了学生几遍歌曲《但愿人长久》，就拿出准备好的月饼分享给大家。在中秋节这一天吃到中国传统的中秋节美食，大家都很兴奋，纷纷用刚刚学的句子跟我讲“我喜欢月饼”“我喜欢吃月饼”。我们陶醉在优美的歌声里，一起品尝着中秋月饼，一边高兴地说笑，愉快地结束了这次课程。

案例分析

很多时候，海外学习中文的学生，一边学习中文课，一边学习其他专业课，同时还有他们自己的本职工作要做。因此，中文课常常被当作兴趣课或者选修课，这使得海外中文教学的课程进度都相对较慢，内容也相对偏少，侧重于语音和词汇教学，教学重点以夯实基础为主，同时辅以游戏操练和文化体验，以保持学生的学习兴趣。这些原因和情况，促使该教师利用一整节课的时间向学生分享中秋节的文化和语言表达。

该案例整体上呈现出寓教于乐的特征。首先该教师用应景的音乐紧紧吸引住了学生。有经验的海外中文教师都知道，在跨文化教学过程中，即使语言不通，也可以利用音乐和食物作为媒介来进行跨文化交流，因为音乐和食物能够跨越语言障碍。所以，本节课以音乐为先锋，是非常明智的选择。而且从旋律的角度而言，《但愿人长久》曲调悠扬婉转，与巴西音乐热情直接、节奏性强的特点形成鲜明对比，令人印象深刻。其次，歌词是苏轼写的著名的中秋词《水调歌头 · 明月几时有》，字里行间流露着中国古诗词浓浓的韵律美和意境美。这样带着异国文化的音乐，与学生母语音乐产生了碰撞、交融、共鸣，擦出了美好的火花。

《水调歌头 · 明月几时有》这首词和《但愿人长久》这首歌，都使用了借物抒情的手法。这种手法在巴西等其他文化中也是常用的。巴西就有一首有名的歌 *Selene*，讲的是一对爱人通过月亮来表达思念和爱意，其借物抒情的手法是相似的。

案例中的中文教师将中秋节文化知识和汉语语言知识结合了起来，让学生在体验中华文化的轻松状态下，学会了新的词汇和语法。教师将中秋节的食物名称和常见的动词“吃、喜欢、喝”相结合，利用简单而常用的句型来训练，大大增加了学生学习汉语的成就感。

但是有一点值得注意：直接给学生分享食物的行为是不可取的。在未知学生过敏源的情况下，贸然与学生分享食物可能会出现一些不好的情况。另外，学生在进食过程中或者进食后也可能会出现一些不可控的问题，如被噎住、腹泻等。所以并不建议中文教师在事先未调查的情况下，直接在课堂上或活动中给学生发放食物。

分析拓展

在国际中文教育中，文化教学是必不可少的组成部分。因为语言既是交际工具，也是承载和传播文化的载体。无论是在使用语言的过程中，还是在教授语言的过程中，文化都会跟随着语言进行单向甚至双向的传递交流。课堂上，我们看似在进行语言和文化的单向教授活动，但其实在课前准备以及与学生的沟通交流中，国际中文教师就已经在进行双向的文化交流了。

利用文化活动进行教学是很受欢迎的教学形式。但是在教学过程中我们需要注意以下几个问题。

首先是要注意安全。在只有一个教师授课的课堂中，教师对安全问题的预测能力和处理能力尤为重要。例如，在小学生的课堂上，不要设置奔跑或剧烈运动等类型的游戏活动，要尽量减少使用剪刀、裁纸刀等尖锐锋利工具。在成年人的课堂上，体验等文化活动需分小组进行，避免因学生人数过多而产生拥挤和踩伤磕碰事件。

其次是要利用好“对比”。我们从小在中华文化的熏陶下成长，即使接触、接受了一些西方文化，但是骨子里还是有着中国人如水的温柔、如山的坚毅，看见柳树想到的是离别赠柳以表不舍，听到古琴会想到高山流水。但是西方人的文化却不一样，他们有着更加外向奔放的个性，看见柳树想到的可能是病态的软弱，听到古琴也未必能联想到如画一般的高水流水。因此，无论是介绍传统节日还是分享诗文，对内容的选择和解释都十分重要。有差异的文化在经过对比解释后，会在学生的记忆中与母语文化摩擦出火花，在母语文化的辅助下延长记忆时间。遇到相似的文化意象，更应该将学生的母语文化作为桥梁，帮助学生对更快、更准确地理解中国文化。

最后是要结合文化和语言进行教学。语言是文化的载体，体验一国语言就是在体验一国文化；同样地，想要了解一国的文化，首先得从熟悉这国的语言开始。可见语言和文化是紧密联系在一起的。但是什么文化活动搭配什么语言内容进行学习和复习，就需要根据学生学习的具体情况而定了。例如，有中文教师在书法体验课上，通过书法的书写顺序提醒学生笔画的先后顺序对汉字结构的影响，并且通过毛笔产生的笔锋及笔画粗细，形象展示行笔方向对汉字书写的重要性；在学生学过数字词后，通过《山村咏怀》一诗让学生体验中国诗歌的意境美，同时也达到复习一至十的数词的效果。文化教学做得好，不仅能够帮助学生进一步了解中国，也能从侧面帮助语言教学，增加教学趣味的同时辅助提高教学效率。

拓展思考

1. 在海外教学时，介绍中国传统节日，可以结合哪些方面来展开？

2. 假如你要上一节课，主题是“二十四节气”，为了充分体现文化自信，你会如何设计这堂课？

3. 当你在课堂上介绍端午节的传统习俗时，学生问：“老师，把粽子丢到江里，不是浪费粮食吗？”你该如何跟学生解释这个问题呢？

4. 宋代的邵雍有一首五言诗《山村咏怀》：一去二三里，烟村四五家。亭台六七座，八九十枝花。你如何向海外中文学习者讲授这首诗？

案例 31 入乡随俗说“再见”

教学地点：巴西　教学对象：成人初级班

我在巴西教授中文的时候，为了让学生听懂我在说什么，偶尔也会用葡萄牙语跟学生交流，只是我的葡语水平和葡语文化知识相对有限，难免会闹出一些笑话。

有一天上完课，我像往常一样开始布置课后作业。作业布置好后，我随口对学生说了句：“A aula terminou! Tchau!”（汉语意思：下课了！再见！）万万没想到这话立马引得学生们哄堂大笑。这让我有点莫名其妙。我转念一想，可能是因为大家一连上了三个小时的课，都太疲倦了吧，一听到“下课”就十分兴奋；也可能是因为我最近才学会这句葡语，我的发音听起来有点奇怪，所以他们觉得很搞笑；又或许是因为这节课本来就气氛活跃，同学们的热情持续高涨，现在还沉浸在刚刚做完课堂游戏的喜悦中，欢笑声随时可能响起来……我不由自主地这样忙乱猜测着，同时也对我的学生们笑了起来，但仍然摸不着头脑，搞不懂他们为什么笑。

带着尴尬的心情，我离开教室准备回住处。路上，一个汉语成绩很好且英语水平也很高的学生追上我，笑着对我说：“老师，有件事情想让您知道。刚刚下课的时候，您和我们说了声‘Tchau’，还记得吗？我们当时就笑了，因为想到老师您肯定不知道这个‘Tchau’的内涵。让我举个例子来说吧。如果您请客人去您家里吃饭，用餐已经结束，但客人还没离开，您向他们说‘Tchau’，这样就很容易让人误以为您是想赶客人们走啊！这不合适，是不礼貌的，跟英语‘go away’蕴涵的意味有一些类似。所以，这个‘Tchau’通常是由客人或者要离开的人对主人说的。”

听完学生的解释，我恍然大悟，原来葡语的“Tchau”还有这样的文化内涵！我突然意识到，我在课堂上对学生们匆忙地说了声“Tchau”，这很容易让他们以为我是急着下课，想赶他们走呢！怪不得学生们哄堂大笑！此时，我既觉得有些尴尬、歉疚，又觉得十分有趣、好笑。由此我真切感受到，跨文化交际无小事，在不同的语言文化里，就连表达最基本的“再见”也是有差异的，这就需要我们处处留心，留心处处皆学问。当我们在异国他乡时，要做到入乡随俗，就不能只是简单机械地记忆目的语，更要深入理解母语使用者在语方使用背后隐含的民族文化和认知心理，只有这样，才能顺利高效地进行跨文化交际。

案例分析

第二语言教学是跨文化的教学，只有学习并了解对方国家的文化，才能更好地将两国文化进行对比，促进教学顺利进行。在本案例中，教师通过学生的表情、表现以及与学生的课后交流，明白了汉葡两种语言和中巴两个国家，在“再见”一词的使用上存在语言和文化方面的认知差异；明白了只有深入了解语言背后隐含的民族文化和认知心理，才能真正做到入乡随俗，才能顺畅高效地进行跨语言跨文化交际。

面对不同的语言文化，学习理解是第一步，正确使用是第二步。从最初的不了解到懵懂地学习接受，再到入乡随俗地自由运用，这是一个渐变的过程。中文教师要积极学习；尽量缩短该过程所需的时间，在跨文化交际中尽快做到入乡随俗。

在巴西初级班的课堂上，下课时使用葡萄牙语表达“再见”，本身也是不错的选择，因为这样可以让学生更有安全感，帮助缓解学生的紧张情绪，使人际互动更舒适，有利于拉近老师与学生的距离，达到更好的教学效果，但前提是要符合巴西葡语文化对表达“再见”的要求，要使用“入乡随俗”的表达。案例中的中文教师在使用葡语表达“再见”时，显然没有提前熟知相关的文化内涵。

案例中的教师在理解了巴西文化中有关“再见”的用法后，提升了对当地语言文化的认知，后续应在课堂上针对中巴两国在“再见”一词的使用上所体现的葡语—汉语文化差异进行讲解，让巴西学生借此机会，在对比中学习汉语“再见”所体现的中国文化。中文教师的职责是教授中文，而学生的目的是学习中文，了解中国文化。高明的中文教师应充分利用跨文化交际中出现的案例，以小见大，促进学生的中文学习，帮助学生了解中国文化。

在具体的跨文化教学实践中，诸如学生的哄堂大笑或窃窃私语，往往能暴露或提示一些潜在的语言文化问题。对此，国际中文教师应该有职业化的跨文化交际敏感度，主动与学生交流，深入了解具体情况，认真解决所遇问题，目的是减少误解，提高教学质量。

分析拓展

该案例说明，国际中文教育不是简单的教师输出、学生接受的单向操作，而是教师和学生双向输出、双向接受的双向操作。对国际中文教师来说，国际中文教育既是一个教学的过程，又是一个学习的过程。知识的接收、反思、理解和应用，这四个环节全部完成才构成一个完整的教学过程。教学相长，教和学是相互转化、相辅相成的，这就需要教师提高跨文化交际的敏感度，仔细观察，从日常生活着手，积累充实文化知识，为提高教师自身教学质量打好基础，也为国际中文教材的编写提供素材、积累经验。

比如，葡萄牙语版《当代中文》第 4 课的第一篇课文就有如下对话：

白小红：你看，这是北京。

卡米洛：我知道。

白小红：这是上海。

卡米洛：我知道。

本案例中的教师在课堂上讲解这段对话时，一位高中生突然笑了起来。教师询问后得知：在巴西，如果别人十分热情地向你介绍各种东西，而你只回答“Eu sei”（汉语意思：我知道），这其实是不太礼貌的行为。教师认识到在中文语境中也有类似情况后，立刻向学生解释了这种言语行为背后具有的文化相似性，并尝试调整教材所述的言语行为。比如，可以在“我知道”的前面添加一些表示感叹、应答、赞美等的叹词，形成“啊，我知道”“哦，我知道”“嗯，我知道”等；也可以在“我知道”的后面添加一些表示肯定语气的语气词，形成“我知道的”“我知道了”“我知道哈”等；还可以同时在“我知道”的前后添加叹词和语气词，形成情感语气更为丰富的“啊，我知道的”“嗯，我知道了”等句子。在具体的交际实践中，还可以变换前置叹词和后置语气词的读音，通过拉长、重读或者轻声化，缓和整句话的生硬语气，让对话中的句子变得更温柔、更礼貌、情感语气更丰富。

对话体中作为答语的“我知道”，无论在中国文化还是巴西文化的背景下都具有相似的语用内涵，但在教学中还是出现了这样尴尬的“小插曲”，这跟因教材编写引起的误导有一定关系。案例中的教师在意识到问题所在后进一步进行对比分析，深刻理解了这种对话体背后所蕴涵的巴西文化和中国文化的相似性，并用简洁而有效的办法修正该对话，使其在语用上更合适，最终帮助学生提升了汉语交际水平。通过这件事不难发现，有时候中文教师不能完全跟着教材走，要对所讲授的课程内容进行全方位的思考，尽量避免因为教材编写导致的偏误。同时，也要尊重学生学习过程中的“异常”表现，认真思考并解决这些所谓的“异常”现象，因为这种“异常”现象往往就是跨文化交际中最具文化含量的现象，值得深入分析，认真对待。

拓展思考

1. 人类学家南达和沃姆斯指出，语言不仅仅反映文化，它还是个人进入自然和社会环境的途径。你是怎么理解这句话的？

2. 如果你的学生都来自同一个国家，开始上课之前，你需要做哪些准备工作？

3. 假设你是一名中文教师，你将怎样给学生讲授汉语文化语境下，如何礼貌得体地说“再见”？

4. 在汉语文化语境下，“客来了”和“来客了”这两句话在使用上有区别吗？请设想一定的语境，具体说明一下。

案例 32　“狗肉”不是一道坎儿

教学地点：巴西圣保罗　教学对象：初级水平成人社会兴趣班

要学习食物知识，就免不了学习如何用汉语表达各种肉类，例如牛肉、猪肉、羊肉、鸡肉等。对班上那些上课调皮、不安分的学生来说，老师仅仅准备这些知识还远远不够，因为那些学生可能会暗含挑衅地问老师：“怎么说 carne de cachorro（狗肉）？”此外，很多在国外的中国人可能也都遇到过这样的质疑：“你们中国人竟然吃狗肉？！”

我在中文教学中第一次碰到这样的问题时，就心平气和地向学生们解释说明，中国人不怎么吃狗肉，只有极少数地区的人吃狗肉，吃狗肉在中国不是普遍性的情况。后来，学生问得多了，我会反问他们：“巴西人最喜欢吃什么肉？”

他们说：“牛肉。”

我问：“印度人吃牛肉吗？”

他们答：“基本不吃。”

我问：“那印度人有问你们为什么吃牛肉吗？”

他们说：“没有。可是牛跟狗不一样啊，狗是人类的朋友。”

我告诉他们：“狗的确是人类的朋友，难道牛就不是人类的朋友吗？牛帮助我们耕种，为我们辛勤劳动，是我们的得力助手。”

学生们听了我的话，脸涨得通红，就不说话了。

紧接着，我继续说：“狗是我们的朋友，我们当然知道。有中国人吃狗肉不假，但他们吃的都是饲养的、专供食用的狗，就像我们养鸡、养猪、养牛一样。况且在中国只有极少数地区的人有吃狗肉的习俗。可能有的人觉得吃狗肉不对，但是一方水土养育一方人，在吃狗肉的人眼里，他们吃狗肉跟我们吃牛肉是一样的。我们希望别人尊重我们的饮食习惯，我们也应该尊重他人的饮食习惯，不是吗？不仅中国的一些地区，东亚的很多国家其实也有吃狗肉的习俗。”

上完这次课，班上的学生再也没有问过我类似的问题了。看来，他们的观念转变了。

案例分析

狗肉问题一直是令海外中文教师非常头疼的问题。如果否认中国人吃狗肉，那么马上就有广西玉林狗肉节的反例，而且也的确有一小部分中国人喜食狗肉。但是如果承认中国人吃狗肉，那这就与其他国家把狗视作家庭成员的文化产生了冲突，可就不是仅凭一两次辩论可以缓和的问题了。案例里的中文教师志愿者，用换位思考的方式帮助学生理解了应该尊重不同文化，不应该仅凭自己的文化去判断他人文化的优劣。

本篇案例最精彩的部分是教师利用乾坤大挪移，将文化两两对比，达到换位思考的效果。首先，该教师先将巴西人吃牛肉和印度人不吃牛肉的文化进行对比，让学生把吃狗肉这个遥远又陌生的最初问题，转变成自身特别熟悉的问题。因为巴西最富盛名的除了狂欢节，就是巴西烤肉了，而真正好吃的巴西烤肉，就是牛肉。因此对于巴西人来说，牛肉就是生活中最美味、最离不开、最日常的肉类。这群巴西孩子估计从来没想过，为什么有的国家竟然会放弃这么好吃的美味。但是经过该教师的连续提问，他们突然意识到，的确有国家很少食用牛肉，也的确因文化的不同而导致各地饮食上有差异。

在反驳完学生偏激的观点并取得阶段性胜利后，该教师并没有就此停下。她将强硬的态度一转，从客观的角度向学生们解释了当下中国国内狗肉的行情。此时她能客观地解释，是因为学生们的态度也已经从偏激状态转变到理解尊重中国文化的状态。此时的解释，更像是客观的事实阐述，让学生了解真正的中国。

分析拓展

自古以来，中国人就对饮食非常有讲究，毕竟古语有云，民以食为天。中国人品尝食材的种类、烹饪食材的技艺方式，在国际上算是数一数二的。以食材选择为例，很多在中国被视作美味佳肴的食材在巴西却被贱卖，甚至压根没资格上销售展台。比如国内卖近 40 块钱一斤的生牛肚，在巴西的超市里你可以用 20 块钱人民币带走一大盒。此外，巴西人虽然喜欢吃鸡肉，却根本无法在超市找到鸡爪这种食材。由此可见，中国的部分饮食文化和巴西甚至许许多多其他西方国家的确存有较大的差异。

文化有差异以及有差异的文化现象都不可怕，可怕是不多元、不包容、不去理解的观念。参与跨文化交际活动要在尊重的前提下多多沟通、多多理解。比如，我们在宴请学生时，需要提前询问他们中有没有不吃肉的。因为受宗教文化的影响，有的学生不能吃肉或不能吃某一种类的肉；有的学生则是受家庭的影响（如父母有一方不吃肉），而没有吃肉的习惯，但是有好吃的荤菜他们也愿意尝试。这些情况都会影响我们看菜谱时的选择。即使在做好菜以后，我们也有必要介绍每道菜的食材和口感，以便学生选择。这样即是尊重他们的饮食文化。

对文化的尊重是相互的，对文化的包容和理解也是相互的。有些文化看似来自不同的国度，但其实通过换位思考，还是能找到很多共同点。作为国际中文教师，我们每天都在进行跨文化交际，也要求自己做到尊重他国文化。但其实，我们的学生也何尝不应该这样呢？我们有责任、有义务教会学生尊重、理解、包容他国文化，让他们不仅仅了解目的语文化，还能够包容各国异彩纷呈的多元文化。

拓展思考

1. 刻板印象是指个人受社会影响而对某些人或事物持稳定不变的看法。试分析案例中“中国人吃狗肉”这个刻板印象是如何形成的？

2. 如果你在准备一节以食物为主题的课，你会设计哪些教学环节？需要注意哪些事项？

案例 33　称呼的差异

教学地点：柬埔寨　教学对象：初级水平本科生

自从我在柬埔寨金边皇家大学担任中文教师以来，每一天都充满了新鲜的体验和挑战。这所大学的中文系虽然规模不大，但由于中文老师稀缺，我不得不承担起繁重的教学任务。从大一到大三，整整九个班级的学生，有的班级只有九名学生，而有些班级则多达三十六人。面对众多学生，记住每一个学生名字成了一个不小的难题。每当站在讲台上，看着一张张陌生而又熟悉的面孔时，我都感到有些无奈，因为无法准确地叫出他们的名字，这让我的教学工作变得有些棘手。

为了缓解这种尴尬的局面，我决定采取一种更亲近的方式来称呼我的学生。在中国，人们常常会在姓氏前面加上“小”字，以此来表示亲切和友好。这样的称呼方式在中国十分普遍，几乎没有人会对此感到不适。因此，我也尝试着用这种方式来拉近与学生的距离。然而我并没有意识到，这样的习惯可能并不适用于所有文化和国家。

记得有一次，在给大一的学生上听力课时，我播放了一段录音材料，随后想要提问一位同学。当时我只记得这位同学的姓氏是“段”，于是便随口说出了“小段”这个名字。只见那位同学先是愣住了，随后才缓缓站起身来回应了我的提问。不过，从他的表情中我能感受到一丝困惑，尽管当时我没有过多地去思考这个问题。

直到下课后，“小段”找到了我，提出了他对这次事件的看法。他问我为什么没有像平时那样称呼他为“小云”。我一时间也有些措手不及，不知道该如何作答。他接着解释说，在柬埔寨，直接称呼一个人的姓氏被视为不礼貌的行为。听到这里，我才恍然大悟，原来是我忽略了称呼背后的文化差异。

这件事让我深刻地认识到，在跨文化交流中，即使是看似微不足道的细节也可能引发误解甚至冲突。每种文化都有其独特的习俗和礼仪规范，作为教育者，我们应当更加敏感地对待这些差异，并努力理解和尊重它们。从那以后，我开始更加注意自己与学生的沟通方式，尽量避免因文化差异造成误会。同时，我也鼓励学生们分享他们国家的文化传统，这样不仅能够增进彼此理解，还能让课堂变得更加生动有趣。通过这样的交流，我相信我们可以建立起更加和谐、融洽的师生关系。

案例分析

作为国际中文教师，我们每天都在进行跨语言和跨文化的交际活动。为了能更好地传播中文和中华文化，我们日常思考的问题，不外乎如何进行跨文化交际，怎样才能更好地进行跨文化交际，以及当地文化与中国文化有什么异同等。实际上，与学生的每一次交际都是一种演练和实习，每一次文化冲突，甚至看似失败的跨文化交际，经过我们的反思后也会成为一次不可多得的宝贵经历，对提高我们的跨文化交际能力有很大的帮助。在本篇案例中，该教师看似经历了一次失败的跨文化交际，但课后该教师的分析和总结却帮助她排除了一颗文化“地雷”，为她在日后进行更顺畅的跨文化交际打下了基础。

本案例涉及的知识比较复杂。在中国，“小 + 姓氏”的语用功能主要有 3 种：（1）表示亲近和亲昵。用于称呼年纪相仿的同辈人或年纪较轻的晚辈或下级。（2）表示轻蔑或不屑。常用于上级称呼下级，社会地位高者称呼社会地位低者，也有用于同等社会地位的人之间，体现的是主观上的高人一等，因此总是强调等级关系。当用于称呼比自己年龄长的人时，更容易体现出轻蔑和不屑。（3）表示一般的等级关系。这种功能主要出现在社会工作场合，除表示某种体制下的等级关系外，还体现出资历的差异，但不含有蔑视的意味。

“小”的不同意义和传统文化中对“小”的不同理解，容易导致“小 + 姓氏”的语用功能差异。指年龄小时，“小”多表示亲近义，因为中国有尊老爱幼的传统，听话人被称为“小”，容易产生被爱护的温暖感受。这种情况对女性被称呼者尤为适用，也符合女性永葆青春的心理。表示地位低的意义时，“小”代表等级低下或没有权势，“小 + 姓氏”就表示蔑视或等级低了，尤其用于男性时更是这样。古来就有“男子汉大丈夫”的说法，表明男性有尚伟、尚大的心理，用“小 + 姓氏”的方式称呼男性，更容易使听话人感到与说话人的地位不对等。这也是称呼男人较少用“小 + 姓氏”，而称呼女子较多用的原因。

文化心理、交际心理、交际场景、所处时代、所处社群等的不同，容易引起“小＋姓氏”语用功能的变化。“小＋姓氏”的实际应用差异，主要在于说话人有不同的交际心理需求。说话人如果想与听话人拉近关系，就会努力营造一种对等场景，使“小＋姓氏”称呼趋向于表示亲近。但是，社会地位高的人称呼地位低者为“小＋姓氏”时，并不一定是想拉近距离，也可能是为了凸现距离和等级。

本案例中，文化冲突产生的原因是该教师在课堂上直接以中国文化中“小＋姓氏”的称呼方式去称呼柬埔寨学生，没有考虑到这种称呼方式在柬埔寨文化中有不礼貌的含义，因此在柬埔寨的国际中文课堂教学不能用“小＋姓氏”的方式来称呼学生。

从以上分析中可以看出，即使在中国文化中，“小＋姓氏”的称呼模式，在大多数情况下也并不代表亲密或喜爱的意思，甚至更多地是为了凸显身份地位的不同。而且在生活中，我们也确实很少在正规场合，例如课堂上，使用“小＋姓氏”来称呼学生，因此在课堂上用“小＋姓氏”来称呼学生也是一种不明智的选择。可见，案例中教师直言“在中国‘小＋姓氏’的叫法也很正常”这句话实际上是不正常的。

虽然文化冲突不可避免地产生了，但该教师能够迅速认识到自己的错误，并以有效的方式修补了这段师生关系，这一点是值得我们学习的。在文化冲突产生后，对不同文化背景下的文化因素进行分析同样重要。该教师在反思中对比分析了中国和柬埔寨文化背景下，“小＋姓氏”涉及的文化差异。这样的对比分析不仅有助于该教师自身避免同类型的交际冲突再次出现，同时也能为其他教师提供经验，提醒其他国际中文教师反观自身，避开类似的文化“地雷”。

分析拓展

在跨文化交际中，文化冲突是不可避免的，但这并不意味着我们对文化冲突束手无策。刘珣老师在《对外汉语教育学引论》一书中曾提到，处理跨文化交际的问题有四个态度：（1）尊重不同的文化；（2）理解与适应目的语文化；（3）求同存异对待文化冲突；（4）外为我所用发展本国文化。

作为国际中文教师，我们的教学实际上是建立在跨文化交际的基础之上的。因此，我们，尤其是赴任他国进行中文教学的教师，应秉持尊重不同文化的态度进行教学，在异国他乡生活和教学，更应做到理解并适应当地文化。理解并适应当地文化可以帮助教师更好地融入当地生活，进而顺利地开展教学。正如该案例所展示的，虽然该教师无意中冒犯了柬埔寨国家的文化，但该教师正确的态度——尊重柬埔寨国家的文化，帮助她挽回了局面。在面对此次文化冲突时，该教师也没有一味坚持中国文化，而是尊重不同文化，真正做到了求同存异。

刘珣老师在书中提出的四种不同的跨文化交际态度，是按照跨文化交际阶段先后排列的。它们看似各自独立，却又是一个整体，每个态度都各司其职，对应不同阶段。虽然跨文化交际冲突时有产生，但我们不需忧虑。遇到冲突时，只要我们遵循这四个态度，迎难而上，就能将文化冲突变成宝贵的经验财富。

拓展思考

1. 刘珣老师在《对外汉语教育学引论》中提到的处理跨文化交际问题的四个态度，分别对应了什么样的跨文化交际阶段？

2. 如果外方教师或者学生在称呼你时，使用了不合适的称谓，你该如何处理？

案例 34 你为什么不每天洗澡

教学地点：泰国　教学对象：国际中文教师

2016 年，在我们一起去泰国的中文教师中有一位男老师，他被单独分到了泰国的一个苗族聚居的学校，学校里的学生基本上都是苗族。他刚开始不太了解苗族的风俗习惯，有一次上课时觉得一位女学生很可爱，就摸了一下学生的脸。当时这位女学生表情有点奇怪，但是也没有说什么。后来这位男老师把这件事告诉泰国本土中文教师时，泰国老师告诉他，不可以触摸苗族女学生，如果男生摸了苗族女生就要娶她。这位男老师听后吓了一跳，心想完了，难道我要娶这个女学生吗?！还好女生看在他是外国人，不知道这个情况，所以这件事就这样算了。后来我们聚会时，他告诉我们这件事的时候还是心有余悸。所以，如果在禁忌较多的民族或者国家任教，一定要多了解、多熟悉当地的风俗习惯，避免发生类似的事情。

在他身上还发生过一件非常搞笑的事情，同时也是我们大多数人都经历过的一个跨文化交际案例——洗澡。泰国人非常注重衣服的整齐、干净，基本上每天都要换衣服，不会连着两天穿同一件衣服。我们在泰国的时候，正是泰国的凉季，天气不是很热，有时候还挺凉爽的，用不着每天都换衣服，也用不着每天都洗澡，但是泰国人的习惯是每天早上都要洗澡，每天都要换衣服，而且出门前都要把衣服熨得整整齐齐的。这位男老师和泰国当地的一位男老师住在同一个泰式小楼里。有一天早上，天气有点凉，而泰国人洗澡一年四季都用冷水，这位中文教师觉得太冷了，实在不想洗澡了，而且他认为每天洗澡、换衣服、熨衣服太麻烦。于是，这位中文教师就对那位泰国本土男老师说："今天太冷了，我们就都别洗澡了吧？你去学校千万不要对别的老师说哦！"于是那天早上他们俩都没有洗澡就去了学校。但是到了下午，全校的老师都知道了他们俩没有洗澡，有的老师还用奇怪的眼神看他们。后来他才知道，原来早上去学校的时候那位泰国本土中文教师自己就说出来了，所以全校都知道那天他没有洗澡。虽然他用天气较冷作为解释，但是这种解释总显得有些苍白无力。后来即使遇到再冷的天，这位男老师也坚持每天早上洗澡了。

当时还有一位女性中文教师在回家路上遇到很多很凶的鸭子，那些鸭子蜂拥着跑去啄她，直接把她吓哭了。这件事很快就传到了很多学校，甚至在开会时校长还专门提到这件事，泰国老师们听后都笑得前仰后合。可见泰国人传递消息的能力不可小觑。

总的来说，泰国是一个佛教国家，禁忌比较多，所以赴泰之前一定要提前做做功课，了解清楚，避免发生类似的事情。

案例分析

本案例用中文教师在泰国的亲身经历为我们讲述了海外跨文化交际的问题。三个案例，从师生距离、生活习俗以及个人隐私三个方面揭示了文化碰撞间的摩擦。男性中文教师因为觉得女学生可爱，摸了一下脸，冲撞了苗族的风俗；因为天气冷，一次没有洗澡换衣服，被传得全校人尽皆知，人人投来异样的目光；一位女性中文教师由于害怕鸭子而吓哭，就成了校领导甚至全校的笑柄。这些都反映了跨文化交际中的冲突。文化冲突的产生与中文教师对异国文化习俗的不了解有关，也与跨文化意识的缺失有关。因此，中文教师在赴任前，应该多去搜集一些赴任国的文化特点、风俗人情，做好充分的准备。另外，无论在哪个国家，性别距离都是很敏感的。这一点务必要注意。

在海外任教，很可能一个学校只有一个外教老师，老师的一言一行都将是举目注视的焦点。当地师生未必有坏心，更多只是对中文教师的好奇与过度热情。但中文教师应该明白，我们与别人分享的事情，如果没有强调让对方保密，实际上就是默许了他人的传播。特别是在泰国，人与人之间注重分享的快乐，所以此类事情更易发生。

分析拓展

面对确实无法预先防备的跨文化冲突，事情发生后，即使境遇再尴尬，教师也不要因为此事而影响了正常的工作和生活。闲言闲语总会因时间流逝而消散，再有趣的八卦也会变得寡淡无味。此外，既然在海外教学和生活，就要尊重当地的风俗，适当调整自己的生活方式和习惯。在泰国的中文教师，特别是来自中国北方的中文教师，受到地理环境的影响，未必会天天洗澡，更不用说洗冷水澡了。但是既然在泰国，面对炎热的自然环境，就要入乡随俗，坚持每天洗澡、换干净的衣服，不要让当地人觉得你是异类。只要这些生活习俗的差异没有上升到文化上的排斥境地，就都是很容易解决的。

拓展思考

1. 有些民族的人身体接触较多，有些民族的人身体接触较少，有人因此将文化划分为“接触性文化”（contact culture）与“低接触性文化”（low-contact culture）。作为国际中文教师，应如何处理这方面的文化差异？

2. 在我们的文化中，触摸小孩是一种亲昵的举动。而在泰国这样的佛教国家，孩子的头是绝对不能抚摸的，他们认为头是一个人最神圣的部位，随意触摸他人的头部是极大的不恭，小孩子的头只允许国王、僧侣和自己的父母抚摸。如果你在泰国教学，想鼓励学生的时候摸到了学生的头，引发了学生的不满，你该如何解决这个问题？

案例 35　无法午睡的困扰

教学地点：韩国　教学对象：初级水平小学生

我是一个有午睡习惯的人。在韩国从事中文教学，一直困扰我的一个问题就是不能睡午觉。因为韩国人是不睡午觉的，学校的作息时间也是如此，没有安排睡午觉的时间。上午四节课上到 12：40，下午 1：40 上课，中间连吃饭在内总共只有一个小时的休息时间。对此，我刚来韩国时还能忍耐，但到了夏天，昼长夜短，中午吃饭后格外想睡觉。

韩国小学的正课都安排在上午，下午是课后课。一天六节课，上午四节课，下午两节课。我的课一般在上午，有时候一天共有五节课，吃完午饭还有一节。如果不睡午觉，吃完饭直接上课我会感觉很累很疲劳，整个人昏昏沉沉的。虽然学生感觉不到，但下午我的课堂情绪确实没有上午高。下午即使没有课，因为不能午睡，我也不能认真地从事其他工作，感觉整个人都处在劳累和无精打采的状态。

我所在的学校很大，我一共带了 24 个班，每周 20 节课，教学工作量非常大。为了解困，有时候我会在办公室的其他老师不在时偷偷坐在办公桌旁眯一会，但这种做法有时候会遭遇很多尴尬。

后来，我和办公室的韩国老师交流了中国的午睡文化，也告诉了他们我的困惑。但是他们只是单纯地表示很羡慕中国有这样的文化，并且对我在韩国从事中文教学时不能午睡表示遗憾。我知道，尽管我是一个外教，但是我不能要求学校因为我是外国人而搞特殊化，但不能午睡确实很影响我的工作效率和工作热情。

案例分析

本案例中的中文教师为我们讲述了在韩国工作时无法午睡的困扰。这个问题看似简单，其实也是很致命的，如果处理不好，也会让人崩溃。该教师面临的情况是：课时繁重，夏季昼长，导致其经常感到困乏，上课没有精神。但是面对已经安排好的教学工作时间，调整起来肯定比较麻烦。最大的问题是，其他教师都在上班工作，中文教师自己在家里睡觉休息，这肯定是不合适的。这是整个制度安排的问题，不可能给某个具体的教师“开绿灯”。该教师如果向学校提出留足午睡时间这样的特殊要求，不仅其要求得不到满足，还会给对方留下负面印象。

最好的方法还是改变自己，入乡随俗，同时积极调整自己的生活作息和教学方式。首先，刚刚吃完午饭，人容易犯困，这是人之常情，因此中午不要吃得过饱，要少吃多餐，课间休息时也可以适当地补充能量。其次，午后喝杯咖啡或茶，听听歌，聊聊天，提提神，使大脑处于活动的状态。再次，晚上务必早点休息。最后，丰富课堂教学活动，增加课堂教学的吸引力，转移困意。比如下午第一节课前，中文教师可以和学生一起唱一唱中文歌曲。这样一来，不仅学生的中文水平得以提高，而且中文教师自身也能提提神，唤起活力。

分析拓展

据统计，约 68% 的中国人从小就有午睡的习惯，但是很多国家并没有这个习惯。西方人流行喝下午茶，可能也是想在夏季漫长的午后，通过喝咖啡和茶来提神。总之，工作时需要精力充沛，这是毋庸置疑的。至于充沛精力的方式方法，自然是因人、因地域、因民族不同而不同。

海外中文教师如何克服因异国他乡的生活作息和工作时间与国内不同而导致的困扰？最重要的还是中文教师的自己心态和积极改变的行动力。中文教师在赴国外任教之前，应该具备跨文化交际的理论知识，尤其对海外教学所需的跨文化适应能力要有心理准备，而且也要有信心、决心和方法去解决困难。在陌生的环境中，必然存在文化的差异，具体表现在生活、工作和作息习惯等方面，中文教师不能事事要求本地人按照自己的心愿来调整他们的既有习惯，更多的时候必须进行自我调整。比如，本案例中的中文教师认为自己在桌子上趴着休息一下很尴尬，本地教师可能会因此而好奇和疑惑，但其实假以时日，这些本地教师也是会理解的。所以说，海外中文教师一定要打消不必要的顾虑，不要自己徒增烦恼。

话说回来，中午一个小时的时间吃饭、休息，到底够不够呢？这要看中文教师自己怎么利用时间了。午饭 10—15 分钟吃完，应该没有问题，然后休息

30 分钟左右，最后提前 5—10 分钟去教室，也应该没有问题。如果宿舍离教室远，估计路上会耽误一些时间，操作起来比较麻烦，但如果休息的地方离教室比较近，那么这一个小时应该是够用的。同时，中文教师也要锻炼自己打盹休息的能力。

总之，到底是不是真的没有办法午睡？这种困扰是不是真正的困扰？恐怕中文教师需要彻底反思。尽管硬扛着不休息是极其危险的，但是办法总比困难多，海外中文教师一定要因地制宜，以精力充沛地讲好课为原则，尽量在工作和休息间取得平衡。

拓展思考

1. 异国生活中出现的诸多问题往往与跨文化适应过程中的“文化冲突”有关。个人长期形成的生活方式和价值观念根深蒂固，但置身异国文化环境时，原有的文化与外来文化的差异会导致适应压力。个人原有生活习惯被迫改变，可能会导致哪些结果？

2. 假如你在一所学校任教，每天中午在学校食堂用餐。可是该食堂只提供冷餐，不提供热食。你觉得不太适应，你会怎么办？

案例 36　当学生家长投诉时

教学地点：蒙古国　教学对象：初级水平小学生

刚来乌兰巴托任教时，我被分配了小学部的中文教学任务。从来没有教过小学生的我后来才切身体会到，这是一个伴随着巨大压力的挑战。我不仅要与小学生打交道，还要与学生的家长、班主任打交道，压力无处不在。

乌兰巴托的学校采用的是中国中文教师和蒙古中文教师一起上课的模式，而与我搭档的蒙古中文教师也是这学期新来的，对这里的一切，我们都还处在摸索阶段。我们俩来了没多久，就开始有二、三年级学生的家长来学校投诉了许多问题。有个学生的家长甚至当着学生的面批评蒙古中文教师，说他的孩子不会读中文，是因为老师教得不好。但其实是那个学生很调皮，上课时不认真，总和周围的人说话、顶嘴。当时我听了家长的话很难过，但是也没有太在意，毕竟哪个班都有问题学生，想着以后多关注一下这个学生，想办法督促他好好学习就行了。可是没过多久，又来了一个二年级的学生家长，说回家问孩子上课教了什么，孩子说是一首歌，可是让孩子唱，孩子却一点儿都不会。家长又认为这是老师的错，直接投诉到培训经理那里去了。紧接着，二年级的班主任又来找蒙古中文教师，当着学生的面把蒙古中文教师批评了一顿，说我们能力差，教得不好。这让我和这位蒙古中文教师倍感压力，因为我俩是搭档啊。

面对此种状况，我知道我们必须做出改变，共同解决这个问题。那段时间我经常失眠，压力非常大，蒙古中文教师也是压力大到想要辞职，因为她也是今年新来的中文教师，一来就遇到这样的情况，让她很沮丧。后来我们和其他老师们说了这件事，她们也深有体会。原来，她们以前也曾遇到过这样的情况，小学生的家长找学校说他们自己的孩子不会说汉语，全是老师的责任。于是我们便向语言部门有经验的老师寻求帮助，最后我们共同商量出如下对策。

1. 对二、三年级的学生每天教了什么内容以及布置了什么作业，都要用一张纸条写清楚，用订书机订在每个学生的作业本上，并注明让家长检查学生的作业并签字。

2. 学生的作业老师全部收上来，并且全部用红笔改好，以便家长也能一眼看出学生的作业是什么，方便检查。

3. 做一个学生表现记录表，记录下学生每节课的表现、完成作业的情况、听写的情况等，开家长会时可以给家长看。

4. 建一个学生家长的 Facebook（脸书）群，让家长及时了解孩子的情况，家长有什么意见也可以直接联系中文教师。学生表现实在太差的，要及时主动与其家长和班主任沟通，让他们及时了解这个学生的情况。

5. 努力提高中文教师自己的班级管理水平和教学质量。

通过这些对策，慢慢地，也就没有家长和班主任再来找我们麻烦了。在年末三年级学生的家长会上，当我们给家长们说明孩子的学习情况时，没想到很多三年级学生的家长都说自己的孩子比以前更喜欢汉语了，成绩也比以前提高了许多。中文教学一路走来，真没想到能获得家长们这样真诚的肯定。这是我在蒙古国教中文的最大收获。最后，家长们问我明年还在不在这里教书。当听到我说要离开时，他们是很失落的。他们也挽留了蒙古中文教师。这种真情让我觉得之前的一切压力和挫折都是值得的，都让我获得了成长。在国际中文教学中，出现问题要积极面对，要扛住压力并努力解决问题。

案例分析

面对问题学生，如果家长将所有问题归咎于教师，显然是不合适的。因为学生自身的差异性是客观存在的，每个人的学习动机、学习态度、学习方法也都不尽相同，这些都可能导致问题产生。本案例很好地告诉我们，教师面对的不仅仅是学生，更有校领导、学生家长。作为校领导和家长，他们更多看到的是学生学习的结果，容易忽视学生学习过程中的表现，也往往将学生的学习结果作为评判教师教学好坏的唯一标准。特别是家长，出于爱护子女的心理，往往会将孩子表现不佳的问题归咎于教师。这启示我们，不管是对好学生，还是对后进学生，让校领导和家长知晓学生学习的过程很重要，教师特别需要做好与校领导、学生家长、班主任等的沟通工作。

怎么才能让学生家长及时了解学生的情况呢？本案例中的中文教师提出了几点参考建议，例如通过建立家长联系群的方式，及时告知家长学生每天在校的课堂表现等学习生活情况，并让家长们参与到学生作业的评价中来。这些切实有效的对策对于解决同类问题、提升家校关系、提高教学效果大有裨益。

分析拓展

从理性角度看，教育不仅仅是教师和学校的责任，但本案例中描述的状况的确是教师的工作还不够完善导致的。众所周知，学生的学习应该包括三个部分：课前预习，课上学习，课后练习、反思并总结。教师的工作也应该与之相对应：课前认真备课，课上认真讲授，课后布置和检查作业，帮助学生查漏补缺。总之，课后学习、反馈、反思，也是学习活动的重要组成部分。该案例中家长对学生学习的状态是一无所知的，这也导致了学校和家长之间产生误会。而解除误会的有效方法正是采取更多的课后学习反馈，并让家长积极加入到课后监督的环节中。

其实，除了家长和负责管理的教师外，与孔子学院、孔子课堂合作的机构等都应在适当的时间得到一定的教学情况反馈。这不仅是对教学成果的展示，同时也能增加相关人员和组织的参与感，让相关人员都知道一线教师教授了什么内容，组织过什么活动，获得过什么成果。只有这样，在下次需要帮助的时候，中文教师才能获得更便捷有效的帮助。例如文化课结束后，可以将文化课的成果展示出来，在布置教室的同时展示教学成果，还能吸引学生参加活动。

作为教师，长期以来，我们都只是把关注点放在学生身上，认为教学只是教师和学生的互动，却忽视了最重要的一点：教育是由家庭、学校和社会三方共同肩负的责任，只有学校和家庭联动才能顺利完成整个教学过程。与此同时，我们也要树立课后反馈的意识，将教学成果及时有效地展示出来，这是对学生负责，也是对我们中文教师的教学负责。

拓展思考

1. 教育家苏霍姆林斯基认为，教育的效果取决于学校和家庭的教育能否相向而行。为了提升育人的成效，学校和家长要统一家校共育的理念。对于海外国际中文教育而言，家校共育有什么重要意义?

2. 如果你的班级里有一些特别调皮的学生，他们常常不交作业，你该怎么办?

案例 37　学生向老师要钱

教学地点：蒙古国　教学对象：初级水平小学生

有一个二年级的小女孩，经常来我们中文教师的办公室，她非常可爱，特别惹人喜欢。她本来不是学汉语的学生，但由于经常来我们的办公室，就学会了说"你好，谢谢，再见"等简单的汉语句子，在外面每次见到我们都会主动和我们打招呼。

她和其中一个中文教师志愿者关系特别好，因为她刚来的时候，这位老师给了她一颗糖，后来小女孩还专门来找她玩，并且做了一个非常可爱的折纸送给这位中文教师。但是前不久，这个小女孩来找这位中文教师要钱。当时这位中文教师没有听懂她说的是什么意思，只是听懂了"钱"的蒙语，便从包里掏出了500蒙图（蒙古国的流通货币），问她是这个吗？她说是的，一下就从老师手里把钱拿走了。这位老师也呆住了，不知道这是怎么回事。后来，这位中文教师志愿者把这件事给办公室里会蒙语的日语老师说了。日语老师说一定要找她把钱要回来，后来这个小女孩再来的时候，日语老师就用蒙语找她要钱，最后这个小女孩就把500蒙图还给了这位中文教师志愿者。

我以为这个事情应该就告一段落了，可是没想到，小女孩前两天又来了。她比比划划了很久，意思是希望这位老师能再给她100蒙图，她去买水。这位老师也听懂了，但是没有给她，而是问她有没有杯子，因为我们这里可以烧水。她说没有。前前后后折腾了好一会儿，我实在看不下去了，就给了她100蒙图。可我事后想了想，还是觉得自己太冲动了，不应该给这个小女孩钱，应该明确地拒绝她，并且要让她明白钱是需要通过努力劳动获得的，而不是找别人要的。虽然钱不多，换成人民币也不到一块钱，但我还是决定下次她再来要钱的时候，就得让她把钱还给我。我想这才是真正地对学生好，是着眼于长远和成长的好，而且是一种教育。

案例分析

本案例通过师生间“借钱”的风波，向我们展示了如何处理教师与学生之间的关系问题。在成长中的青少年时期，学生的世界观、人生观、价值观都正在养成中，需要教师和家长们正确的引导和培育。有些乖巧可爱的学生，可能会凭借师生之间的良好关系，伸手向老师“借钱”。作为教师，有时候出于对学生的喜爱和同情，或者碍于同事间的面子问题，会借钱给学生，但这些钱往往是有借无还，长此以往还会助长学生的不良习惯，不利于青少年学生健康成长。

面对这种情况，中文教师要理智，不要和学生产生经济上的瓜葛。很多情况下，学生都是因为年纪小，经不住诱惑，从其他途径得不到满足，才会向老师伸手要钱。有时候学生借的钱少，有些老师事后也不好意思向学生要回，或者一开始就没打算向学生要回。其实不管钱多钱少，你的一次施舍只会换来他更多的伸手，反而助长了他不劳而获的心理，这对于他的成长没有益处。试想，学生如果真的需要金钱方面的帮助，最先想到的肯定是自己的父母；如果父母没有满足学生的愿望，也一定有其原因。当一个学生开始伸手向老师借钱时，其中的原委就需要老师调查清楚，以便真正地帮助学生渡过难关、健康成长。

如果老师对学生这种行为的原因不闻不问，无论借钱还是不借钱给学生，都有可能间接造成某种悲剧。如果发现不对劲，这个时候拒绝学生看似对学生不好，但实际上才是真正地对学生好，是在保护学生。如果贸然借给了学生钱而且数额还不小，学生一旦去干一些不好的事情，那这看似对学生好、帮助学生，实际上是在害学生，是在间接帮助学生干坏事。总之，中文教师一定要学会辨别教学生活中的“好”与“不好”，要正确处理学生向老师借钱的问题。有时候老师的行为看似无情，实际上是在给学生上一节踏入社会之前的道德课、人生课。

分析拓展

作为教师，当了解学生借钱的原因后，应尽量用最直接的方式去帮助学生，比如实物。例如在本案例中，学生借钱买水，那么教师可以直接为学生提供水；学生没有水杯，可以去找个一次性水杯；学生借钱买笔，就直接将自己的笔借给学生等等。当发现学生借钱的理由不充分时，在不伤害学生自尊心的基础上，我们可以这样拒绝学生:“老师今天忘记带钱包了。”或者“老师几乎不使用现金的，身上很少带钱的。”

当然了，有时候学生真的需要来自老师的经济帮助，这时老师一定要弄清楚原由，积极帮助解决学生的问题，而且这也是教育学生的好时机。根据老师自己的意愿，如果需要学生还钱，那就要在借钱之前跟学生讲清楚，甚至可以和学生约法三章，以借条的形式写清楚借钱的原因、还钱的日期等，总之要慎重处理，不能轻易给学生钱。另外，决定帮助学生，借钱给学生之前，也可以先跟学生的父母沟通一下。这样一来，学生会对自身行为有所认识和思考，而且学生一旦不还钱，也需要接受相应的道德教育，以后再向教师借钱的行为也不太可能发生了。有时候，教师对学生的严格，其实是在帮助学生树立正确的价值观。钱虽少，其中关乎的行为和道德却是大事。

拓展思考

1. 作为老师，一方面要在学生困难时去帮助学生，让学生感受到老师的爱，另一方面也要抓住教育契机，纠正学生的不良消费习惯，提高学生的财务规划能力，培养学生的社会生存技能。处理案例中的问题时，老师的言行应该注意哪些方面?

2. 假如下课时，学生们围着你，问你的工资是多少、是否可以买零食给他们吃，你应该如何应对呢?

案例 38　在蒙古国遇到的三件事

教学地点：蒙古国　教学对象：初级水平中学生

2016 年经过组织遴选，我有幸以中文教师志愿者的身份赴蒙古国从事国际中文教学工作。这期间，我经历了三件事，让我受益匪浅。

第一件事是，我前后经历了两次“帽子事件”。

第一次“帽子事件”发生在教室里。那时我所教授的八年级学生刚下课，我突然发现一个男生的帽子落在了教室里。因为他还没有走出教室，所以我一边喊了一声，一边拿起帽子并顺手将帽子直接扔给了他。这个男生先是愣了一下，但还是接住了帽子。问题是，我发现他的同学看到我扔帽子以后，表情很是生气。对此，我也很疑惑。我把帽子扔给这个男生时，他为什么愣了一下？他的同学又为什么生气呢？事后，一个华侨学生告诉我说，帽子对蒙古人来说是神圣而重要的东西，是不能随意地扔来扔去的，否则就是对帽子主人的不尊重。去主人家里做客时，主人也会把帽子放在高处，以示对客人的尊重。我了解到蒙古国关于帽子的文化风俗后，诚恳地向这个男生道了歉，并说明我事先不了解蒙古国的帽子文化，扔帽子给他并不是我有意为之。后来，我又用了一课时的时间，讲了一些中蒙两国在文化方面的差异，例如饮食、拜年、手势等，目的是希望学生们在了解中蒙文化异同的基础上，正确地对待不同国家和民族的文化差异。

第二次“帽子事件”发生在滑冰场上。那时我和我的同事去冰场滑冰，我们看到一群孩子在玩“抢帽子的游戏”。游戏规则是，一个人趁别人不注意时拿掉对方的帽子，然后对方就来抢帽子，紧接着你抢我的，我再抢他的，他再抢你的，不断循环反复进行，场面很是热闹。我和我的同事们一行三人刚到滑冰场，我的帽子就被一个高中生模样的蒙古男孩抢走了。因为语言不通，我就急着用英语喊话，让他把帽子还给我，但是他并没有照做。我来蒙古国任教之前，管理老师就告诉我们说，一些蒙古人是有反华情绪的。想到这些，同时也为了避免冲突，我就没有再继续理睬他，没有再要回我的帽子。我和我的同事们继续滑冰，后来，这个男孩子觉得无聊，就滑到我跟前，打算把帽子还给我。但他同时问我说："你是不是来自韩国？" 我大声回答他说："不是，我来自中国！" 听到我的回答后，他非常生气，就把帽子狠狠地扔到了我的脚边，并用英语辱骂我，然后头也不回地走了。我当时什么也没有说，愣在了原地。过了一会，那个男孩的朋友向我道了歉。从那以后，我和我的同事们就换了一个滑冰场滑冰，而且不管天气再怎么冷，我都没有再戴过帽子滑冰。

第二件事是，我拒绝了蒙古国女孩送给我的一块巧克力面包。那是一天中午，我所任教的六年级的一个女孩子在办公室外碰见了我，递给我一块巧克力面包。因为我刚刚吃过午饭，所以就委婉地拒绝了，可是感觉她的表情有点失望。回到办公室，我问了蒙语同事才了解到：在蒙古国，拒绝别人好意送给你的东西不仅是不礼貌的，而且可能会被认为是不尊重对方。在这种文化背景和情境下，接受就是一种礼貌。我听完解释，心里也很自责：因为自己对当地文化的不了解，我伤害了一位小女孩的善意。在中国，为了表示客气，我们有时候也会拒绝别人好意给予我们的东西。在不同的文化中，接受或拒绝对方的东西要因人而异，有些人不会在乎你的拒绝，但有的人会很在意。如果对方比较在乎，我们可以先接受他的东西，并感谢对方，先保住馈赠方的面子，事后再根据自己的喜好处理。

第三件事是，蒙古国保洁阿姨辗转用右手接我的钥匙。在蒙古国教学期间，学校后勤部的阿姨负责打扫中文教师的办公室，每周一次。有一天，我将办公室的钥匙递给阿姨，当时阿姨右手正拿着拖把，她就把拖把从右手换到了左手，然后才用右手接我的钥匙。整个动作过程我看得清清楚楚。事后，当我了解了这个细节背后的文化后，我从这位平凡的保洁阿姨身上感到了某种美的震撼！原来，在蒙古国，人们用双手给别人东西或接别人的东西，尤其是给或者接老者和尊者的东西，以示尊重。如果不能使用双手，则以右手为尊，用右手给别人东西或接别人的东西，也表示对对方的尊重。此后，我也尽量用双手给别人东西或接别人的东西，尤其是老者或尊者，如果不能使用双手，就用右手。

案例分析

在第一次帽子事件中，中文教师志愿者是因为不懂蒙古国的帽子文化，无意冒犯了那个男生。事后教师及时道歉，并利用课堂教学时间，有针对性地讲授了一些中蒙文化的差异。这位中文教师除了没有事前了解任教国文化外，在这次帽子事件的处理上应该说是得体的、正确的。

在第二次帽子事件中，这位中文教师志愿者面对蒙古男孩的羞辱，表现得也算冷静从容。面对施骂者已经离场的情况，身在海外的这位中文教师能够站在国家民族的高度，不计较个人耻辱，一忍再忍，将事态化小，这是理智的表现。这次事件比较复杂，涉及民族仇视的因素，也有中蒙文化的差异，更有特定年龄段青少年的叛逆心理因素。面对此种情况，该教师有耐心，能够很好地控制自己的脾气，以自身的安全为主，没有将事态扩大。这是刚刚上岗的新教师需要学习借鉴的。虽然国与国之间存在文化差异，也有政治、历史因素的影响，但是，人性总体上还是向善的。这个男孩的朋友最后代替男孩向这位中文教师志愿者道歉，就说了这一点。所以，国际中文教师也要充分利用人性向善的特点，将中华民族“友好善良”的优秀品质身体力行地传播下去。

在第二件事中，这位中文教师志愿者由于不了解蒙古国的文化习惯，拒绝了一个小女孩赠送巧克力面包的好意，无意中伤害了这个小女孩。古人云，入乡随俗，当我们在国外从事国际中文传播，面对两种含义截然相反的文化行为时，更应注意并快速转变母语文化的思维习惯，要入乡随俗，入国问禁，尊重并快速适应当地文化，这样才能更好地工作生活。蒙古国的这位小女生在用他们国家的方式表达对老师的友善和喜爱，而作为教师的我们需要秉持的一条原则就是，不要轻易拒绝学生的善意。这条原则能帮助我们更顺利地适应当地文化，避开一部分文化冲突。

从第三件事中，可以看出该教师是一位细心观察生活的人。该教师通过后勤保洁阿姨特意腾出右手来接钥匙的这个小举动，理解并体验到了蒙古国右手为尊的文化传统。这个跨文化交际的内容尽管看起来很细小，但是我们所有的跨文化交际方法和交际原则都是从这些细小的内容中综合提取出来的。正是这一个个小的文化内容的积累，帮助我们顺利地进行跨文化交流。其实，在发现以右手为尊的原则后，该教师还可以继续深入挖掘一下该文化产生的原因，或者不能用左手的原因。这样，今后在遇到类似情况时，提前的知识储备就可以帮我们规避很多不必要的麻烦。其实，不仅在蒙古国，在其他很多国家中都有以右手为尊的文化传统，甚至有的国家在历史上的不同时期，尊左和尊右的传统都出现过。在现代社会，我们也认为双手呈递和接受东西是诚恳和尊重的表达。因此，在跨文化交际中，我们能用双手时就用双手，这既符合现代中国人的文化习惯，也可避免出错和冒犯对方的文化。

分析拓展

异国他乡的文化，不是读一两本书就能真正理解的，还需要社会生活的观察、交流和体验。社会生活是最好的文化书籍，与当地人的日常相处就是学习他国文化的最好机会。我们只要细心观察，用心思考，就能领会蕴含在交流中的文化，也就能理解流淌在文化中的交流。

在一次对中文教师赴海外任教前的培训期间，一位哥伦比亚教师邀请学员教师上台互动。一位女学员上台后，该教师主动给予了她一个大大的拥抱。这样的行为在南美洲不过是最日常的、表示友好的打招呼方式，却引发了台下众多女学员的窃窃私语，她们表示自己会害羞，接受不了这样的行为。试想，抱着这样的心态去海外赴任，只会越发不适应当地文化。总之，无论是蒙古国的馈赠，哥伦比亚的见面拥抱，还是法国的贴面礼等，都是表达友好的方式，都是异国人民在用他们的方式向中文教师和志愿者们进行友好示意，因此，我们不能用母语文化的标准去评判它们的优劣高低。

如果要去蒙古国从事国际中文教育，也需求提前熟知蒙古族的一些风俗习惯。比如敬酒，这是蒙古族群众招待宾客礼节的主要一环。酒具一般为银碗或银盅。敬酒时，男主人必须头戴帽子、衣着整齐，斟好酒后，双手托起哈达、捧银碗、唱敬酒歌，以辈数或年龄大小依次敬酒。再比如馈赠，过去的官方往来会以本地土特产品或地方风味物品做见面礼和回赠礼。平常人家往来，一方如果给另一方赠送哈达或点心糖果等物，接受方还其盛具时，必须放些物品在盛具内，绝不能把空空的盛具还给对方。另外还有献哈达、递鼻烟壶等，也都是蒙古族比较有代表性的文化习俗。

在海外教学期间的外出活动中，我们一定要善于辨别别人的善意是不是真诚的，要避免以假善意为幌子的恶意行为，这也是为了保护自己的安全。比如案例中提到的小女孩送给中文教师巧克力面包，因为赠送者是学生，食品的安全性是可靠的。但如果是社会上的陌生人递给我们饮食类物品，我们需要注意安全，比如可以接受物品，但是吃的时候一定要谨慎。

拓展思考

1. 语言交际使用特定的符号，而非语言交际却没有一套具有明确意义的符号。在非语言交际中，尽管有许多类似符号的表意手段，但并不是每个动作都具有固定的意义。试分析非语言交际的特点。

2. 发生类似“帽子事件”的文化误解时，可采取哪些措施化解矛盾、正确面对文化差异？

3. 人际关系受到文化的制约，中国和外国在人际关系方面的差异对于跨文化交际的许多方面都有直接的影响。试举例说明。

案例 39　真诚换笑脸

教学地点：美国　教学对象：零基础大学生

我在宾夕法尼亚州的匹兹堡大学布拉德福德分校教大学的选修课。2017 年春季学期，我班上的学生一共是 22 位，其中女生 19 位，男生 3 位。第一节课结束之后，我和学生们算是认识了，但是有两个女生特别奇怪，她们是安娜和柯图妮。这两个女生只要一见到我，就会扭过头去，赶紧走开，不会跟我热情地打招呼。最终让这两个女生从开始的一见面扭头就走开到后来主动跟我用中文热情地打招呼，我几乎花费了一个学期的时间。

安娜是我第一次进教室就注意到的学生，因为她的发型很特别。一头纯白发亮的短发，右边一半剃成板寸，从头中间到左半部分的脑袋是齐耳碎发。柯图妮是安娜的同桌，平时总和安娜在一起。开学之初的一段时间，她俩有一个共同点，就是都不喜欢我。

我点她们读书时，她俩会瞅一眼对方，再斜我一眼，然后才开始用蚊子嗡嗡的声音读起来。我和学生们在校园里碰面时都会很开心地打招呼，可是有好多次，我在路上碰到安娜和柯图妮时，我主动跟她们笑着打招呼说："你们好！"她们都不理我。

为什么她们会这样回应我？是蔑视、不尊重还是她们本身对待老师就是这个样子？我开始回忆，反思我自己。我想起来了，有一次我让安娜起来尝试读不同的拼音，那时她满脸的不愿意；有一次我让柯图妮练习发音，她好像是因为自己的舌头有点大就不情愿，很勉强的样子；有一次我收集学生的反馈意见，其中有学生给我写道"I really don't want to read in front of others"（我真的不想在别人面前读书）。我突然意识到，十七八岁青春妙龄的大学生，尤其是女大学生，爱美以及维护她们自身在别人心目中的良好形象的愿望是强烈的、真实的、普遍的。于是我果断地调整了我的教学策略，尽管课堂上跟读、领读的活动依然不可少，但是我单独点人起来发音并纠正的行为不再发生了。我开始把写拼音、读单词的作业形式调整为用邮件给我发手机录音。我每次都是先录自己的音频，然后通过 announcement 邮件群发当天的课程材料以及作业要求。在收到学生的作业邮件后我会仔细听录音，然后根据他们的发音分辨出他们出现偏误的原因，指出问题后告诉他们改进的方法。我积极认真地给每一个交作业的学生写信回复。过了一段时间，我发现她们俩上课练习有了比较明显的进步。

真正的转折点出现在柯图妮生日的那一天。我心想，即使她平时见到我不怎么搭理我，但是她的生日我们还是要一起庆祝的。这样或许能够改善我们之间的关系呢。于是我就跟大家说："同学们，今天是柯图妮的生日，我们一起来唱生日快乐歌，祝福柯图妮生日快乐！"大学生们虽然有些羞涩，但还是一起拍手唱歌，气氛越来越热烈，安娜也唱得很带劲儿，柯图妮也很开心。

在句型练习环节，我问柯图妮："你喜欢吃什么？你喜欢喝什么？"此时的她也比较大方地回答我，也没有什么不愉悦。我继续回应她说："希望你生日这天，能有好吃的、好喝的等着你！"她让我无比惊喜地说了一句："谢谢！"下课时间很快就到了，我跟同学们说了再见后，又特意对柯图妮说了一次"生日快乐"，她又微笑着说了句"谢谢"。

那次课之后，我们又在校园里相遇。我知道我和她们的关系已经正常，甚至很融洽了。于是我就热情洋溢地向她们打招呼，她们也总是积极回应我以微笑和"你好"！我内心感到很欣慰。这种感觉真得很棒，让人心旷神怡！

案例分析

本案例中的中文教师是个感情丰富、多思善思、认真细致、追求和谐师生关系的好老师。该教师在从教过程中，遭遇了不和谐的师生关系，经历了步步挫败的内心挣扎，但该教师没有自暴自弃，而是能够积极调整心态，通过反思自己的言行和改变自己的教学方式，以真诚换笑脸，最终感化了学生。这是师者的光荣使命。

海外中文教师经常会遇到调皮捣蛋或者态度沉默冷淡的学生，也容易将问题归咎于学生自身。"没有教不好的学生，只有教不好的老师"这句话虽然过于绝对和偏颇，但至少启示我们，作为一名中文教师，面对教学对象出现某些态度方面的问题时，应该从自身的角度多反思、多引导。案例中的中文教师也正是这样做的。学生不喜欢中文课，不喜欢中文教师，可能是因为教师的中文课无聊乏味，某些环节设置不合理，学生兴趣低、参与度差；也可能是因为教师自身素质不高，学生对教师的能力产生了质疑和不信任；还可能是因为教学内容脱离实际，与学生的学习目的不相吻合；甚至可能是因为教师的某句话语或者某个行为深深伤害了学生的自尊心等等。作为中文教师，就是要及时地找到学生产生问题的原因所在，然后对症下药，正确解决问题。

了解学情、寻找问题的原因，方式很多，可以通过匿名的调查问卷、私下交流来进行，必要时还可以家访。本案例中，两名学生对当着全班同学的面一边朗读一边被纠正发音的做法非常反感。这两名学生的心理行为是符合青少年自尊心强，好面子的心理特征的。中文教师了解到这一心理行为特征后，就改变了课堂练习方法，维护了学生的公众形象，把当面提问当面纠正的练习方式改为学生熟悉的邮件形式，最终获得了很好的效果。

中文教师遇到问题学生时，一定要做一个有爱心的老师，积极通过自身的努力去感化学生。首先，课堂上，多安排难度适当、学生兴趣浓、参与度高的任务，为学生创造更多能够展现优秀自我的机会，并给予他们及时的鼓励。其次，关注学生的兴趣点和个性特征，通过言语、眼神、动作或者课堂示例等形式暗示学生，让学生明白教师对学生非常了解。再次，直接了当地跟学生私下沟通，或者在作业后面留下老师的寄语和希望，表明教师时时处处在关心学生。当然，不便直接交流的内容，还可以通过学生信任的第三者去传达。本案例中，中文教师搜集并记住了学生的生日，并在恰当的时候表达了出来，带领全班学生一起庆祝生日，齐唱生日歌，还以此为话题继续开展课堂教学。这既是汉语语言教学的一部分，同时也拉近了师生之间和生生之间的关系。

总之，和谐的师生关系是需要教师精心维护的，也是中文课堂有效开展的基本要求。

分析拓展

在海外进行中文教学的过程中，中文教师常常会遇到一些反感中文课、反感中文教师，甚至反感中国的极端情况。这种现象发生的原因比较复杂，不同的学生会有不同的原因。有些学生是因为自身接收了某些负面信息，有些学生是因为遭遇了不好的生活境遇而心理失衡，有些学生是因为父母、朋友等身边人的不良影响。但不管是什么原因，中文教师对此一定要冷静，要保持积极的心态去面对，不能急于求成，因为一个人认识态度的转变是需要时间的，不要急于强求学生马上接受和认可你的观点。

一位海外中文教师曾经遇到一个五年级的小学生，他是班上唯一一个不喜欢中国的学生。当中文教师在课堂上介绍中国，问大家喜不喜欢中国时，大家都兴高采烈地举起手表示喜欢，只有他不举手。于是，中文教师在接下来的一段时间里，开始对这名学生进行狂轰滥炸式的“表白”——不管他喜不喜欢中国、喜不喜欢教师本人，该教师都“表白”。在中文课堂上，教师用“喜欢”造句，而且在全班面前以这个学生为例，深情款款地对他说：“老师喜欢你！”；在教室外的走道上，当该教师遇到他，不管他有没有兴致，教师都主动热情地拉他过来，并且凑到他的耳边说：“I like you so much！”（我很喜欢你！）；在他的作业本上，该教师总会留下满满的大红心和鼓励的话语。总之，该教师的策略是用所有可以使用的方式和途径，“死皮赖脸”地“表白”他，让他知道她对他的关注和喜欢。一个学期之后，他再也不好意思说他不喜欢中国了。

总之，理论上的设计可能很自洽，但现实的教学情况总是千变万化的。每一位中文教师都会遇到不同的教学环境和不同背景的学生，如何处理好师生关系，改变部分学生的消极甚至错误的认知和态度，责任重大，使命光荣，需要中文教师倾尽全力，不断地实践，探索良方，取得良好的育人效果。

拓展思考

1. 在教学中，教师可以通过付出真情去感化学生，建立良好的师生关系，从而提升教学效果。具体而言，教师可以怎么做？

2. 学期中间，由于同事生病休假，你需要中途替他上课，接手一个新的班级。为了防止师生磨合的种种问题，你应该提前做什么？

案例 40 中文教师怎么教“世界地理”课

教学地点：缅甸　教学对象：中级水平中学生

海外中文教师经常会面临这样的问题：中文教师被要求教授英语、体育、数学和电脑技术等课程。这些问题都是由海外师资条件有限导致的。考虑到这一点，很多中文教师都会硬着头皮把教学任备接下来。

刚到缅甸东枝东华学校不久，校长带领我们吃完第一顿饭后，就把地理课的教学任务分配给了我们。其他三位中文教师都以自己的地理知识和能力有限为由拒绝了任务。我本人的性格一直比较逆来顺受，况且我的男朋友是一位地球物理学博士，让我教高中的世界地理课也算是一种缘分吧。于是高中三个年级的世界地理课就落在了我的肩上。

备课的时候，我看着教务主任给的两本地理高考资料发呆。因为东华学校虽然在东枝华人心中很有声望，但是学校资金来源主要依靠几位福建和广东籍华裔校董，学校财力有限，根本没有现代化的教学设备，班级里的教具只有一块黑板和一些粉笔，甚至连世界地图册都没有办法保证人手一份。

学习世界地理怎么能不了解世界各个国家在地图上的基本形状呢？好在我在国内学过一段时间的素描，对于简易的临摹也有兴趣。备课时，我就先参考资料上的地图，将其按比例缩小临摹在自己的备课本上。上课时，我提早进入教室，用三五分钟的时间画上要讲的国家的地形图，同学们也安安静静地照着画在自己的笔记本上。

一个学期上下来，到期末检查学生的笔记本时，看到一幅幅精美的手画世界地图，我感到自己的辛苦没有白费。至少在没有现代化教学设备的情况下，我能以不同的方式教授学生世界地理。

下学期开始前，校长给我建议说，世界地理课的讲授可以重点关注“一带一路”沿线国家的信息，让华裔学生们知道发生在中国和世界的大事件。的确如此，学习世界地理并不仅仅局限于书本知识，还应关注发生在身边和世界的事情。基于这样的考虑，我在开学第一课就要求学生们关注“一带一路”的官网新闻，指导学生模仿安徽卫视《每日新闻报》的方式，上课的前五分钟由同学们轮流进行新闻播报。

今天是新闻播报的第一天，效果还不错。第一位播报新闻的同学在微信公众号“缅甸中文网”上获知 2017 年 9 月 2 日缅甸驻印尼大使馆被轰炸的消息，在班上用简短的语言和同学们分享了这则新闻，每一位同学都深深地为自己的国家担心，并在课堂上开展了广泛的讨论。他们作为缅甸华裔，在牵挂自己祖籍国中国的同时，也时刻关注着缅甸的动态。

当中文教师遇到世界地理课时该怎么办？别怕，所谓“教无定法”，只要你愿意接受，敢于尝试，“手绘世界地图”和“每日国际新闻播报”等出现在课堂上也不是不可能的事情。

案例分析

缅甸的教师资源匮乏，中文教师志愿者经常面临着被要求上其他课程的情况。地理课、数学课等都有可能成为中文教师的教学任务，特别是在缅甸的华文学校，比如东枝的东华学校等，这种情况比较常见。这对于部分国际中文教师来说是一个巨大的挑战，因为这些教师多是首次教授该课程，缺乏必须的教学经验，而且自身的知识储备也不充足。此外，如果学校不提供教学大纲和教学计划，教师的教学安排就显得随意和无章法，前后教学内容的连贯性就会很差。但是，总有一些国际中文教师会迎难而上，边学边教。

本案例的国际中文教育教师，能够抱着“教学相长”的积极态度，接受高中地理课的教学任务，并尽量利用自身的其他特长来促进教学，如将素描的功底优势发挥在教学生手绘世界地图上，这不仅大大降低了学生缺乏地图册带来的影响同时也激发了学生学习地理的兴趣。此外，中文教师大胆创新，在教授学生“一带一路”相关政策时，采取“新闻播报”的形式，让学生自己主动去了解中国和缅甸的新闻，以及“一带一路”沿线国家的地理状况，然后自己做新闻小主播，与大家一起分享学习。这种方式非常新颖，深受学生喜欢，激发了学生自主学习的动力，也培养了学生关注社会热点的意识，培养提升了他们的民族自豪感。

分析拓展

在海外中文教学中，中文教师身兼数职，担任多门课程工作的情况在欠发达地区尤为常见。每一位立志做好国际中文教育的教师都要做好心理准备。首先，中文教师都是经过国家层层选拔、培训的优秀青年，我们要充分相信自己具备较强的学习能力和适应能力。即使是担任非专业的课程，我们也可以通过充分地备课和不断地学习来弥补专业上的劣势。同时，中文教师可充分利用本专业和所教授课程之间，知识性或方法性上的共性，结合自身的特长进行教学。

拓展思考

1. 在海外教学时，接受了自己不擅长的教学任务，你会如何处理？

2. 随着中国经济和国际地位的提升，海外华人华侨通过学习中文可以增强自身的文化认同感和文化自信心。作为国际中文教师，如何在教学中增强这种文化认同感？

3. 假如你在相对落后的地区从事国际中文教育工作，所在学校很难提供丰富多样的教材教具，你可以采取哪些措施提高教学质量？

案例 41　座位卡的故事

教学地点：泰国　教学对象：初一汉语专业班

初一汉语专业班的学生刚开始学汉语，汉语水平普遍不高。新学期一开始，我就让他们用汉语给自己做一个座位卡，以后每次上课时都要把座位卡摆放在课桌的右上角。

到第二周上课时，大部分孩子都做好了自己的座位卡，只有极个别还在制作中，其中一个孩子的座位卡让我印象很深刻。当时我边讲课边走到了她的座位旁，正准备点她回答问题时，我发现她的座位卡和别人的有些不一样。她写的汉字不太好认，大体上只能分辨出写了四个汉字。第一个字是“刘”，最后一个字是“玲”，中间两个字实在认不出来。我当时以为这是她和同桌两个人的座位卡，是他们把名字写在一起了。于是我笑着问她：“这是两个人的吗？”她很不好意思地告诉我，这是她一个人的座位卡。这时，她周围的同学都开始笑了，笑她写的汉字中文老师却认不出，笑她做的座位卡被老师以为是两个人的座位卡。这时，我很尴尬，也很后悔不该当众问她这样的问题。如果我不问，她也不会被其他同学嘲笑。我立刻让学生们安静，简单夸奖了一下这个孩子做的座位卡。虽然她做得并不是很好，但为了弥补我对她造成的伤害，我夸她态度很认真。后来在讲课的过程中，我发现她偷偷地把座位卡放进了抽屉里，上课异常安静，跟平时特别不一样。

我一边上课，一边心想：完了，可能无心的一句话确实伤害了她，其实我的本意并不是这样，我得想办法补救呀！如果孩子因为这件事对中文产生畏惧心理，那么我的罪过岂不是太大了？

上完课后，我没有立即回到办公室，而是走到这个小女孩身边，在她的本子上耐心地教她写了一遍她的名字：刘晓玲。我让她从抽屉里拿出那个做好的座位卡，微笑着说：“姓名中间那个‘晓’字写得不太好看，偏旁分得太开了，要像老师这样将‘日’和‘尧’写在一起才会更好看。这一次写得不太好，没有关系，能写出来就已经很棒了。”当然，我的这些安慰的话语是用汉泰双语说的，以孩子目前的汉语水平，她是听不懂我用汉语说的这些鼓励话的。看着她逐渐面露笑容，我心里也舒服多了。

正准备离开教室时，这个小女孩突然微笑着站起来，一把抱住了我。这一刻，我知道，孩子已经释然了。我很庆幸，自己的无心之过已经完美弥补了，没有给她造成太大的伤害。

自从那天以后，每次去上这个班的课，上课前这个孩子都要给我一个大大的拥抱，下课后也要来给我一个大大的拥抱。她还重新做了一个漂亮的座位卡，这次写的汉字就好看多了，每次上课时总是将它整齐地摆在课桌右上角。之后的每一堂汉语课，我都能感受到她的热情和努力。

于我而言，看到孩子进步，是对我教学成果最大的肯定。通过“座位卡”这件小事，我也明白了孩子的心灵很脆弱，一句无心的话就会伤害到他们。所以作为一名教师，任何时候都不要轻易触碰孩子敏感的心灵。如果一不小心触碰到了，那么一定要寻找最有效的方法及时补救。当师生之间跨越了那道鸿沟，老师会是快乐的，孩子会是轻松的。这种状态下的教学，一定会事半功倍。

案例分析

除了准备好教授的知识外，良好的师生关系也是需要教师用心经营的部分。如果学生喜欢这个老师，那么，该学生也一定会喜欢这门课程。该案例就向我们展示了维系好师生关系的一件很大的“小事”或者一件很小的“大事”。

在该篇案例中，中文教师虽然在上课时因无心之过伤害了学生的自尊心，但下课补救的做法还是可圈可点的。

首先，中文教师一下课就走到学生身边就课上留下的小问题进行处理，趁该问题还没有在学生心中造成更大的伤害之前，就将其消除，缩短了补救时间。

其次，在选择处理问题的地点方面，中文教师选择了教室而不是办公室，这点也值得学习。因为在大多数国家中，办公室是一个相对严肃的场所，如果中文教师将处理问题的地点选在办公室，将形成仅有一个教师和一位学生的谈话空间，会加重学生的紧张情绪。因此选择在教室处理问题有两点好处。第一，学生在教室的状态是轻松的，这有助于舒缓学生情绪，使谈话顺利进行。第二，通过在教室处理问题，有机会向其他同学展示小女孩是有能力写好汉字的，可以有效地抑制负面舆论的扩散，不给嘲笑者留机会。与此同时，也在大家面前帮助小女孩重新建立自信心。

最后就是鼓励语的使用。在纠正学生错误的同时一定要表扬学生的优点。如中文教师在帮助学生修改汉字时，先肯定了学生的态度和写得好的地方，在此基础上再指出需要改进的地方，然后再强调“写出来就很棒”作为鼓励收尾。这些都能够大大缓解学生的受挫心理。

在教学过程中，我们如何从源头上减少类似的无心之失呢？该案例中的中文教师在看到座位卡时，由于不能确定座位卡的内容，所以在提问时附带了自己的猜测。这样做很不妥当。更好的方法是，当我们遇到学生写的汉字不好认，内容不好确定时，可以直接让学生自己介绍和解释。因为，如果我们猜测的内容与学生所表达的内容不符合，就容易产生误解、摩擦、冲突。但如果教师仅作为接收者，学生作为输出者，学生则有更多的机会去表达自己的想法，不会因为与教师的想法不一致而产生挫败感和失落感。所以当学生在展示和表达时，教师应先做好聆听者和信息接收者的角色，在此之后，再发表自己的观点，帮助学生修改和提高。

师生之间的关系是相互影响、相互推动的。良好的师生关系有助于中文教学的高效开展，高效的中文教学也更有利于建设亲密的师生关系。因此，师生关系是教学中教师不能忽视的重要部分。

分析拓展

教学不仅是知识传授，也是情感传递；不仅是技术，也是艺术。如果学生喜欢一个老师，那么学生就会喜欢这位老师上的课程，这门课的学习成绩也会好。无论在国内还是海外，良好的师生关系都能有力地推动课堂教学顺利进行。除了教师本身的性格和上课风格以外，国际中文教师还可以从以下几个方面入手，尝试建立良好的师生关系。

第一，常聊天。下课后，不要急着离开教室。刚去海外赴任的教师可以趁下课时间多向学生询问一些日常问题。例如：附近有什么美食，有什么好玩的景点，哪里可以逛街。当然也可以问关于课堂和文化的问题，例如：对汉语课堂有什么意见、汉语课跟母语课堂有什么区别、想了解中国的哪些内容等。有些性格外向的学生会主动找老师聊天，但有些内向害羞的学生就只会一个人坐着。这样的学生就更需要老师主动去接触、去交流、去了解。

第二，主动融入学生的生活。在海外任教，国际中文教师们就成了学生口中的“外国人”。我们如何让外国人的身份变成本地人呢？那就是与他们一同生活，主动融入学生的生活。周末约学生出来逛街，与学生一起欢庆当地节日，了解学生日常讨论的音乐、电影，下载学生常用的 App 了解他们的动态，分享他们生活中的快乐，在他们生活中留下足迹。这样频繁出现在学生生活中的老师一般都是特别受欢迎的。

第三，让学生融入中文教师的生活。这和主动融入学生的生活是相辅相成的。中国人在交友方面，相较于西方人而言还是有些拘谨。尤其是在师生关系上，教师们总觉得和学生保持一定的距离，有利于在课堂上树立威严的形象，如果过多暴露个人喜好，则不利于树立威严。其实不然。作为外国人的我们，在学生的心中，仿佛一个巨大的宝藏，他们不仅对中文教师本身抱有好奇心，更对我们背后的中国文化怀有好奇之心。因此，我们可以跟学生分享我们的日常生活，向学生展示真实的一面，既满足学生的好奇心，也让学生融入我们的生活，拉近和学生的距离。例如邀请学生来家里做饭，分享生活中的小故事，甚至可以在生活中寻求学生帮助等。比如在巴西，修改手机套餐是一件非常复杂且漫长的事，连巴西人自己对此都怨声载道。有一次，一位中文教师的手机话费套餐被莫名修改了。下课后，这位教师想请一位学生帮其打电话问问情况时，发现平常看起来很高冷的一位学生一直抬着头看自己，于是就主动向他求助，没想到这位看着很高冷的学生非常热情地答应了。在他的帮助下，经过 2 个多小时，中文教师的手机话费套餐才成功修改过来。这件事情表面上看是教师麻烦了学生，实际上却拉近了教师和学生之间的距离，教师也因此有了请学生吃饭和给他们送礼物的理由和机会。自此之后，这个学生对这位中文教师再也不高冷了，经常跟老师分享当地特色美食，还成为了这位教师的所有学生中，第一位卷面分数满分的学生。

当然，不同国家的学生会有不同的情况，不同的教师也有不同的社交习惯和方法，但建立和维持良好的师生关系是我们的共同目标。目标相同，手段差异，这也只是殊途同归而已。

拓展思考

1. 在跨文化背景的语言教学中，教师应该如何看待和处理好师生关系？这关系到教师应具备的哪些素养？

2. 文章提到一个师生间的小插曲，如果在实际教学中出现类似情况，教师可以采取哪些措施化解误会、修复师生关系，从而保证教学效果？

案例 42 唱歌引起的冲突

教学地点：韩国　教学对象：初级水平小学生

来韩国已经三个多月了，无论是平时的生活还是学校的工作，我都适应得很好，和韩国老师们相处得也不错，学生们也很喜欢我。我所在的这所小学是韩国全罗南道最大的小学，是一所公立学校，位于全罗南道的富人区。这三个月以来，我的教学工作进行得一直很顺利。可是就在一个星期一，发生了一些不愉快的事情。

那一天我有四节课，上课内容是教学生们唱中文歌，是中国内地流行乐男子演唱组合 TFBOYS 的《青春修炼手册》，课间没有休息。第四节课是上午的最后一节课，此时我已经感觉有点儿累了。因为一直是我在教学生唱歌，到第四节课时我的嗓子已经快要哑了。

这个班是基础比较差的五年级 7 班，班上的整体纪律不太好，唱歌的时候总是有几个不认真的。对于这种现象，我显得有些不耐烦了。平时再怎么累，我都能很好地控制我的情绪，尽量用温和的方式面对学生。那天面对这种现象，我还是控制住了自己的情绪，没有发火，但脸色确实有些不好看。很多学生看见我的表情变得严肃之后，才有所收敛，课堂也才变得有秩序起来。

等下课和学生说完再见以后，我正准备回办公室，这时一个学生突然跑过来用韩语对我说："我不喜欢这个组合的歌，快出去吧。他们像灰尘，赶紧出去吧，都出去吧！"我的韩国教学搭档听到以后脸色立马严肃起来，用韩语严厉地对他说："你怎么可以这样说？！"我的搭档让这位学生道歉，这个学生当时吓傻了，乖乖道了歉。

在回办公室的途中，我的韩国教学搭档给我做了解释，并宽慰我。当时我的内心是有些不舒服的，一是因为他不喜欢我推荐的中国歌手，还进行了言语侮辱；二是因为这是三个月以来，我作为中文教师第一次让学生不喜欢，顿时感觉心里受到了冲击。此时我也下定决心要学习好韩语，努力去和每一个学生沟通。

在食堂吃饭时，我用目光寻找刚才那个男生，看见他以后就走了过去。我问他的名字，他有些躲避我，不回应我，还是旁边的学生告诉了我他的名字。我摸了摸他的头，就离开了。后来，第二周我再去这个班上课时，发现这个男生的嘴溃疡了。我走上去摸摸他的头，关切地用韩语问："怎么回事？疼不疼？要不要看看医生？"那个学生有些不好意思地说："没事。"我转身继续讲课。那节课这个男生特别认真，有其他同学讲话的时候，他也会让他们安静，帮忙维持纪律。这个时候，作为一个中文教师我觉得特别有成就感。

案例分析

本案例反映了一种师生间的互动冲突，其中不仅涉及到了文化差异所带来的误解，还触及到了教师如何处理个人情感与职业身份之间的平衡问题。具体来说，在此案例中，冲突的核心在于学生直接表达出了对中国歌手及其作品的负面情绪，而这一行为背后则反映了更深层次的问题——即学生对于不同文化的接受度及教师在面对挑战时的情绪管理能力。

首先，从学生角度分析，一个五年级的小学生，其年龄较小，社会经验有限，因此在对待事物的认知上往往较为主观且易受外界影响。在这个阶段，孩子们的价值观尚未完全形成，对于新事物的好奇心强，同时也有较强的模仿性。当他们在学习过程中遇到不感兴趣的或是难以理解的内容时，可能会产生抵触心理，甚至会以言语形式表达出来。例如，案例中的学生直接表示不喜欢中国歌手及歌曲，这种反应可能只是基于一时的情绪波动，并不代表其真实想法。

其次，从教师角度来看，长时间连续授课导致身心俱疲，尤其在需要不断重复同一教学内容的情况下，教师难免会出现烦躁情绪。这种情况下，如果课堂上再出现学生不认真听讲的情况，教师的情绪更容易受到影响。案例中的教师虽然尽力控制了自己的情绪，但依然表现出了不满，这实际上也是人之常情。然而，作为教育者，教师应当具备更高的自我调控能力，即使在面对挑战时也不应将个人情绪过多地带入到工作中去。

面对此类冲突事件，教师的态度与处理方式至关重要。一方面，教师需要保持冷静与专业，避免因个人情绪波动而影响到正常的教学活动；另一方面，应积极探究学生负面反应背后的原因：可能是由于文化背景差异造成的认知偏差，也可能是由于个体性格特质导致的行为失当。只有深入理解了学生的真实需求与心理状态，才能采取更为有效的教育策略，化解矛盾，促进良好师生关系的建立。

此外，教师还可以利用此类事件作为教育契机，引导学生正确认识多元文化价值，培养其开放包容的心态。比如，可以通过讲解相关歌曲背后的文化内涵，让学生了解到不同国家和地区音乐风格的魅力所在，进而激发起他们探索未知领域的好奇心。同时，针对个别学生出现的不当言论，教师应及时给予批评指正，并指导其学会尊重他人观点，避免伤害他人感情。通过耐心细致的思想工作，不仅能帮助学生纠正错误认识，还能增进彼此之间的理解和信任。

总之，面对类似冲突事件时，教师应保持冷静理性，坚持正面引导原则，努力营造和谐融洽的教学氛围。只有这样，才能真正实现教书育人的目标，促进学生全面健康发展。

分析拓展

根据一般的教书育人经验，转变学生负面态度的方法有以下几种：

积极暗示法。中文教师在面对带有负面情绪的学生时，要有足够的包容心和忍耐力，要多方面积极暗示学生，一定要传递出与学生建立良好关系的愿望，要让学生明白中文教师是在一直关注他的，而且希望他变得更好。这种暗示可以是当众的，当着其他学生的面，直接表达教师的关注和期望。比如在课堂上，中文教师可以给学生自我表现的机会；如果遇到学生生日，可以当众为学生庆祝生日等等。这种暗示也可以是私下的，比如在学生的作业本上，在课后的谈话中，中文教师可以多去鼓励学生，留下肯定的评价和表扬，给予学生积极的印象。

无条件“示爱”法。中文教师面对这种学生，可以在合适的场合向学生表达“我很喜欢你，因为在我心里，你始终是我的学生”这样的爱意。这样一来，即使学生再怎么不喜欢，时间长了，内心也会感到愧疚，至少会感到心软，会对自己过去的行为进行反思，在态度方面也会开始转变。

机缘巧合接触法。机缘巧合接触法是指有意去创造一些场合，借此场合机会达到与学生接触沟通的目的的方法。比如，有意制造与学生偶然相遇的机会；课后组织一些合适的活动，有意和学生接触和沟通；知道学生有某种兴趣爱好后，中文教师也展示自己有这方面的兴趣爱好，借此机会跟学生一起切磋。总之，制造机缘巧合，目的是帮助改善师生关系，激发学生学习中文的兴趣，促进学生健康成长。

当然，少数学生对中国歌手、中文教师甚至中国产生负面印象，既可能是自身知识和了解有限，也可能是曾经受到过负面的宣传灌输。面对这种偏见比较严重的情况，就需要中文教师付出更多的时间和精力，以极大的耐心和热情去转变学生的负面认知。

拓展思考

1. 教育学家马卡连柯说，教育必须从细节开始。处理好国际中文教育课堂上的细节，能够为老师加分，让学生更加喜爱这个课堂。课堂上哪些细节是国际中文教师应该注意的？

2. 除了“分析拓展”部分提出的几种方法，在具体教学中，教师还可以采取哪些措施来化解学生的消极态度，建立积极的师生关系？这些方法对不同文化背景的学生是否都适用？

案例 43 一个特殊的学生

教学地点：越南　教学对象：初级水平青少年

第一次给炜伦上课，是因为他们班的中文老师有事情，临时安排我去代课。这个小孩子一眼看上去挺帅气的，我对他的第一印象挺好，但是上课以后这种感觉就荡然无存了。按照要求，我们每节课都会给学生听写。听写之前，我会给每个学生两分钟的复习时间，两分钟到了就开始听写。别的学生都在争分夺秒复习时，炜伦却在东张西望，好像听写不关自己的事儿一样。两分钟结束后，我提醒学生把书合起来，但是炜伦就赖着说："老师，你让我再看一会嘛！我还有好多不会呢！"我反问他："为什么给你时间的时候你不认真看呢？现在要听写了才看？"他却说："老师，我一直在看啊！"第一节课就遇到这么一个"赖皮大王"，着实让我有点不知所措。我坚定地说："我再数五下，你要把书收起来，要不然今天的听写你就直接得零分好了！"在这样的威胁下，他才慢吞吞地把书收起来，拿出听写本。

听写的时候，别的学生都顺利地完成了，也把本子交给了我。而炜伦的听写纸上除了几个潦草的汉字，其余的都是一堆黑疙瘩，还非常拒绝把听写本交给我，同时还一个劲儿地说："老师，我还没有写完！"他磨蹭了很久，也没想出来怎么写。最后一脸委屈又不情愿地把本子交给了我。虽然第一次带这个班，但我已经深深记住了这个学生。

第二次听到炜伦的名字，是从我的搭档陈老师那里。下课后，陈老师气呼呼地坐在桌子前，委屈得快要哭出来了。陈老师说炜伦上课时没有写作业，她只是问问原因，炜伦自己就变得特别不安，把桌子上的书扔到了一边，用拍桌子的方式来发泄他的不满。陈老师告诉炜伦说："炜伦，老师并没有指责你，你为什么做出这么多不礼貌的行为？"炜伦一听就开始大骂起来："老师，你刚才怎么没有指责我？你在侮辱我！"激动的时候还拿指头指着陈老师。我和其他老师听后感觉非常震惊！了解了这些，我们终于理解陈老师为什么这么委屈了。

辅导班的小梁老师告诉我们说，她从炜伦很小的时候就开始接触炜伦，知道炜伦还有一个哥哥炜杰。哥哥的中文学得非常好，成绩也是名列前茅，但是炜伦就不一样了，学习非常不好。于是他们的爸爸妈妈就有意无意地让炜伦向哥哥学习，并且表扬哥哥比较多，而对炜伦更多的是批评指责，这让炜伦从小就活在哥哥的阴影里。久而久之，就形成了炜伦现在的性格，别人对他的轻微批评也会让他产生强烈的排斥心理。

了解了这个情况后，老师们也理解了炜伦的这种行为，就有计划、有步骤地帮助他。无论是作为教师还是父母，都不能一味地只表扬某些孩子而忽视了其他孩子的感受。为此，我们跟炜伦的父母也沟通了很多次，希望他们也能关注炜伦的优点。同时在课上，尽管炜伦的表现不太好，但是每当他有一点点进步时，我们都会尽力表扬他，让他慢慢自信起来。不久以后，炜伦脸上的笑容也多了起来。有时候偶尔又发了脾气，他也会很快意识到自己又冲动了。记得有一次上课，陈老师刚刚批评了炜伦，他又下意识地伸出手指准备回击，但是很快就指到窗户上的一只苍蝇，而且对老师说："老师，你看窗户上有一只苍蝇！"幽默地化解了当时的尴尬。尽管现在他还是很好动，但是当老师说他的时候，他会说："老师，对不起！"而且也不像以前那么冲动了。上课听写时，他再也不像从前那样耍赖了，而是会尽力积极地完成大部分的作业。

案例分析

案例中的这位中文教师通过自身经历，并借助他人之口接触并了解了一个叛逆期的学生。这个学生上课爱走神，学习不用心，不完成作业，面对老师的责备会在言语和行为上进行反抗。这些都是叛逆期孩子的典型表现——挑战权威。处于叛逆期的青少年由于身体的发育和体内激素水平的变化，倾向于挑战任何权威，并坚信自己是对的，以此来突出个性，赢得关注。

该中文教师是一位观察细致且了解青少年心理的有经验的教师。他在了解了学生的家庭环境后，知道该学生受到了家长的忽视，哥哥的优秀给他的生活造成了阴影，长期的负面评价使得他对别人轻微的批评也会产生强烈的排斥心理，从而进行激烈的反击。了解情况后，中文教师一方面积极与学生家长沟通配合，一方面关注学生的点滴进步，积极肯定和鼓励学生。事实也证明，老师的积极帮助是有效的。原来那个特殊的学生也在慢慢进步，不仅犯错少了，而且还能认识到自身的错误，同时脸上的笑容多了，人也开朗了。

分析拓展

所有叛逆期的青少年，都有些共同点。中文教师无论身处哪个国家和地区，都要了解一些基本的知识。对此问题，有几项基本的原则可以参考。

一是中文教师要多和学生沟通，学会跟学生做朋友。青少年所关注的兴趣点，不要求教师也喜欢，但教师必须了解，这样才能建立与学生探讨相关话题内容的基础和前提。

二是中文教师要将威严作为最后一张牌。不到最后时刻，不要用师威去震慑学生，不要使用强硬的命令口气。否则，长时间一味的命令只会使叛逆期的学生对你所说的话嗤之以鼻。中文教师不要一直都做“督导”和“警察”的角色。

三是为学生树立良好的榜样。榜样并不一定是最优秀的学生，也可以是取得进步的同学，还可以是教师自身。榜样也不一定一直都是同一个人，最好的榜样是学生跳一跳就能够得着的。此外，教师自身应该做好带领学生成长的表率。教师自身对生活和学生们的热情和希望，自身怀揣的美好愿望和积极的想法，都能成为学生效仿的目标，这些都会潜移默化地引导他们。

拓展思考

1. 面对“问题学生”的“问题行为”，要不要跟学校和学生家长报备、沟通？为什么？

2. 在海外课堂上，有一次你用英语解释词语的意思，但是发音错了，有一个学生哈哈大笑，还说：“老师，你的英语太差了！”你会如何回应？

案例 44　严肃的老师

教学地点：越南　教学对象：初级水平儿童

辅导课开课已近三个月，我对教学也渐渐地熟悉了，于是学校开始让我教大班。所谓大的辅导班，一个班至少有五个人，最多也就十个人，再多的话，家长也会有意见。虽然一个班人数不多，但对我来说，刚接触起来难度确实很大。记得在国内上课时，学生一个比一个规矩。而这里的学生呢，一个比一个活泼好动。他们更多的是随心所欲，上课时不会坐得端端正正，而是不停地动来动去。这些都是不能改变的事实，所以我跟学生之间也需要更多地磨合。这个过程对于我来说，也是一个成长的过程。

第一次见到这帮“熊孩子”，一个比一个厉害。学生们上课顽皮这件事像一个难题一样摆在了我的面前。可我作为老师，必须用坚定的立场来维护一个老师的形象。于是我提高了声音的分贝，说完话以后，神情严肃地看着他们。这些小孩子似乎知道自己有些过分，很快也就安静下来了。这堂课上得着实有点累，仅一个半小时的课程却让我觉得很漫长。

我给他们上课之前，教他们的是陈老师。我上课不久他们就告诉我说，陈老师是如何带他们玩的，他们不喜欢我的上课方式。我却坚定地告诉他们，以后我就是你们的老师，你们的课该怎么上，只有我才能决定。于是乎整节课下来我都感觉自己像一个处处与学生为敌的人，一点儿也不开心。而且，我也的确被这群孩子气到了。

下课后，我跟老师们聊到了这件事情，说我在课上发火了，不知道这样做对不对。老师们毫不犹豫地告诉我，我做的是对的。虽然学生们现在只是在辅导班，但他们依然要接受更多的教育。不仅仅接受知识上的教育，还有为人处世的教育，比如要让他们首先懂得尊重，所以适当的惩罚是需要的，并且小孩子能明白你是为了他好。院长也好像明白了我的顾忌，她直言说：“你完全不要担心我们这里只是一个辅导班，学生就会是上帝。不是的。我们是教中文的老师，你在国内怎么当老师，在这里就怎么上课，要求严一点，没关系的。如果这些学生因为老师要求严格而离开，那我们没有任何错误。”跟院长的沟通让我心中有了数。

在给这帮孩子上课时，我还是尽可能保持严肃。他们提出来玩游戏的要求，我也没有采纳。我依旧选择按照自己的方式上课，可很明显学生的学习兴趣并不高。一名好老师总是要从自己上的课中反思自己的优缺点的，于是我开始反思自己。之前上课主要都是大孩子，他们大部分都对中文学习有兴趣，所以即使没有游戏，即使老师讲课的知识性强而趣味性弱也无所谓，因为他们的自觉性比较高。但是这一群孩子毕竟才六岁多，如果讲课内容缺乏童趣，他们不想听也是正常的，我需要在自己身上找原因。我的确应该结合学生们的特点做一些和中文教学相关的游戏，只有这样，才能吸引学生们的兴趣。于是我开始思考下一节课怎么上。

我在想，小孩子的思维是比较具体的，可不可以多呈现一些图画呢？于是我就尝试着把生词画成了图案。在记忆生词的环节，可不可以用上一些生词记忆法呢？在学生基本会读生词时，就让学生记忆黑板上的生词顺序，然后随机擦掉一个生词，让学生说出哪个生词擦掉了，还要尽可能说出生词的意思。然后再进行一个游戏，选一个学生上来，随机在书上选择一个生词，把生词的拼音按照一个字母一个空格的形式写在黑板上，让下面的学生猜这是哪个词语。

于是在新的一节课里，我先给学生展示了以前学过的生词图片，学生基本上都能说出来。再后来就是这节课的生词了。比起以前的教学法，现在的教学法果然更受学生欢迎。到最后，学生还是争先恐后地想继续玩这个游戏，而且不再抱怨课堂无聊了。这让我感到很欣慰，也再次认识到作为一个老师，需要针对学生的年龄特点进行教学。下课后，学生们纷纷跑过来跟我打招呼、聊天。比起前两节课，我真的有些受宠若惊了。学生跟老师之间，有一个由不熟悉到熟悉，再到慢慢适应对方的过程。我也真心希望自己能做一个真正受学生欢迎的老师，不能总是抱怨学生不听话，也要从自己身上寻找不足。

案例分析

本案例的中文教师面对海外中文教学环境，在了解了学校领导对待学生的态度后，决定采取“严肃”的态度与学生相处，以维护自己作为教师的权威形象。起初，学生对这种教学风格是排斥的，学习没有兴趣。之后该教师也做了自我反省，改进了教学法，将学习的趣味性与学习的知识性相结合，融入游戏教学。如此一来，更加符合学生的年龄特征，教学受到了学生的喜爱。

其实，严肃并不是坏事。学生年龄尚小，自觉性差，需要教师的监督。但是，有时候我们对于“严肃”的理解和处理并不合适，一是“严肃”并不代表与学生为敌，并不代表不能与学生分享乐趣。不管老师的面部表情多么严肃，语言表达多么强硬，在严肃的外表下，也需要学生感受到老师真正的关心和爱。那么，教师就要有效地与学生沟通，让学生明白，为什么老师的态度是这样的，为什么老师要这样处理。这样，学生才会对老师的态度和背后的原因、目的表示理解，体会到老师的良苦用心。二是严肃并不是针对所有的事。作为一个能有效管理课堂，又受学生欢迎的老师，必定是一个讲原则、就事论事的老师。只要不是嬉笑和冒犯，只要不触犯原则性的问题，没有触犯底线或者打破相关规章制度，“严肃”的老师都不必出现在课堂上。相反，老师完全可以平等地与学生对话，做学生的朋友，表现出自己宽容和幽默的一面。

分析拓展

合理地管理课堂，并不一定只有施加老师的威严，用“严肃”来震慑学生这一种办法，也不一定要将惩罚作为最后的手段。根据 John Thompson（1889–1963，美国著名作曲家、钢琴家和音乐教育家）的观点，惩罚是一种基本的行为管理办法，但也不建议经常使用。他给出的理由：惩罚只是暂时的办法，它并不能使学生的行为发生长期的变化，因为老师只告诉了他不要这么做，却没有告诉他该怎么做。此外，学生可能对惩罚产生免疫，其学习动机也不能被激发。因此，教师应当更多地关注、积极引导与激励，而非简单粗暴地采取惩罚措施。

在教育实践中，教师的角色不仅是知识的传递者，更是学生行为习惯的塑造者。有效的课堂管理需要教师具备高度的情商与技巧，能够敏锐地察觉学生的情绪变化，并及时作出恰当的回应。案例中的教师在面对学生初期的不适应时，选择了以更加人性化的方式与其进行沟通与互动，最终赢得了学生的认可与尊重。这一过程充分说明了建立良好师生关系的重要性，同时也彰显出教师在处理突发状况时所展现出的专业素养。

为了更好地落实这一理念，教师可以从以下几个方面着手：

1. 积极强化：相较于消极惩罚，积极强化能够更有效地促进学生良好行为的发展。当学生表现出期望中的行为时，教师应及时给予表扬或奖励，以此强化其正确行为模式，进而形成良性循环。例如，当学生在课堂上积极参与讨论或完成任务时，教师可以通过口头表扬、小礼物等形式予以肯定，从而激发学生内在的学习动力。

2. 目标设定：明确的目标设定有助于学生树立正确的行为导向。教师应与学生共同制定具体的、可达成的目标，并定期检查进度，帮助学生建立起自我管理和自我激励机制。在此过程中，教师需确保目标既有挑战性又不失可行性，使学生能够在实现目标的过程中获得成就感，增强自信心。

3. 情感联结：良好的师生关系是课堂管理成功的关键因素之一。教师应注重与每一位学生建立深厚的情感联系，通过倾听学生心声、关心其生活点滴等方式，拉近彼此距离。当学生感受到来自教师的关怀与支持时，他们更愿意遵循课堂规则，积极配合教学活动。

4. 差异化教学：鉴于每位学生的学习风格和兴趣爱好各不相同，教师在设计教学方案时应充分考虑个体差异，采取多元化教学策略以满足不同需求。例如，对于那些活泼好动的学生，教师可以适当安排一些互动性强的游戏环节，在寓教于乐中帮助学生掌握知识点；而对于较为内向的学生，则可通过小组合作学习等形式，鼓励其积极参与课堂讨论。

5. 自我反思：优秀的教师总能从每一次教学经历中汲取经验教训，不断优化自身的教学方法。案例中教师能够及时反思自身存在的不足，并据此调整教学策略，这种持续改进的态度值得每位教育工作者学习和借鉴。通过定期开展自我评价，教师可以更清晰地认识到自身的优势与短板，从而制定出更加科学合理的专业发展规划。

综上所述，合理地管理课堂需要教师具备全面的教育理念与灵活多变的教学策略。在日常工作中，教师应注重培养学生的自主学习能力，通过正面引导而非单纯依靠惩罚来塑造其行为规范。唯有如此，才能真正实现教育的本质意义——促进学生全面发展，为其未来发展奠定坚实的基础。

拓展思考

1. 在海外教学，国际中文教师的形象应该是严肃的还是亲切的？如何平衡好两者的关系？

2. 在教学过程中，面对课堂突发情况，也可以采取“冷处理”的方式。在使用“冷处理”方式时，要注意哪些问题？

案例 45　跟“坏孩子”做朋友

教学地点：缅甸　教学对象：初级水平中小学生

期中考试结束后，学校又有了新的课程表。

缅甸一年分为三季，分别是旱季、雨季和冬季。旱季在三月到五月，既是缅语学校放假的时候，又是华文学校上课的时候。旱季的上课时间是周一到周六的上午 7：00 到 11：45，周日休息。泼水节之后，雨季结束，缅语学校和英语学校陆续开学上课，从六月到七月的上课时间是周一到周五早上 6：00 到 7：30，周六和周日上午 7：00 到 11：45。

三月，我教授的是初中三年级的语文课和高中三个年级的世界地理课。六月的课表我第一眼看到就蒙了，除了之前的课程，又加了小学二年级和四年级的会话课。教务老师给出的理由是，当地很多学生还不能进行很标准的会话，需要我们中文教师教他们。这样一来，全校低年级的会话课就由我们四位中文教师承包了。

上课之前我就了解到小孩子的课堂纪律很难维持。根据国内的实习经验，我计划找班上的班长或者其他班委来协助我管理班级。但是考虑到班长的事务比较多，而且每天都依靠同一个人维持纪律，效果也不会太好，于是我又有了一个新想法——流动纪律委员。所谓流动，意思就是每节课都安排一位同学担任这节课的纪律委员，作为整堂课的小小监督员，帮助老师给课堂上表现好的同学加分，给表现不好的同学扣分。这也可以帮助解决开课初期老师不认识全班同学的问题。

踏进教室的一瞬间，我发现整间教室里黑压压地坐了四五十位学生，密密麻麻的。由于之前已经做好准备，进班的第一时间，我就跟大家说了两件事：首先是最终成绩里有百分之二十是平时成绩，平时成绩主要指的是课堂表现分。其次是每节课我都会安排流动纪律委员来协助我给大家进行课堂表现评分。纪律委员是什么？流动纪律委员又是什么？学生们瞬间炸开了锅。我给他们解释说纪律委员每个人都可以当，不固定某个人当，这就是流动的。纪律委员可以直接参与打分。我说这些的时候，学生们议论纷纷。分数才是学生最关心的东西，我的声音无法完全盖住他们的议论声。这时，我注意到一个圆圆脸、皮肤有点儿黑的小男生，在我讲话的整个过程中他都在跟周围的学生讲话和拉扯。我走过去问他的名字，他用有些沙哑的嗓音，故意洋腔洋调地回答。我只能拿来签到名单，这时他才用标准的汉语告诉我，他叫张兆福。

“好，这堂课的纪律委员就是你了！”我一锤定音。

他很开心，之前的动作或许就是为了引起老师的注意，现在他已经成功引起我的注意了。就这样，一个调皮的“坏孩子”成为我的第一位纪律委员。之后的课堂中虽然他不再是纪律委员，但是每次都特别配合我的教学，课后也特别热情地和我打招呼。

作为在异国他乡教授汉语的中文教师，跟学生处理好关系是我们做好工作的前提。对于低年级的大课堂来说，跟班上最调皮的孩子做朋友，才是课堂继续下去的保证。

案例分析

国际中文教育志愿者是一个具有使命感、责任感和奉献精神的群体，中文教师在海外经常被安排汉语课时之外的工作，有时开设新的课程，有时增加课时量，有时协助校方完成其他工作等。案例中，缅甸华文学校的四位教师就是一群乐于奉献的中文教师志愿者的模范。

“流动纪律委员”的管理方式是案例中中文教师的一大创新，是自主探索班级管理方式的重要一步。学生自己成为班级的主人，每个人都能成为管理者，并实施课堂管理。这样一来，学生的自律精神就会增强，在他律的协助下，整个班风就会变好。特别是对于那些调皮的学生，在心理上，他们只是想要引起师生的注意，弥补自己某些暗淡的弱势，满足发展中的某些心理需求。教师完全可以为他们创造展示自己的机会，把班级管理的任务交到他们手上。同时，自主的课堂管理为教师减轻了不少负担，也可使学生更加主动和自觉。

分析拓展

“坏孩子”怎么教育？首先，教师要认识到“坏孩子不坏”，学生的“坏”只是表现出特定年龄阶段的特点，体现了学生突出的个性特征和周围环境的不和谐。而且，这些阶段性的年龄特征是会随着孩子自身认知能力和判断能力的提高而变化或消失的。作为中文教师，要明白这种学生的特征是普遍性的，无国界的。此年龄段的孩子表现出的好动、调皮、爱说话都反映出了他们在存在感、认同感等方面的需求，中文教师应该认识到学生的这些需求，耐心地引导学生转变。从事海外中文教学的中文教师，是跨文化交际的实践者、引导者，需要多阅读教育心理学方面的书籍，比如《非暴力沟通》《为何家会伤人》《当我遇见一个人》和《教育心理学》等。

拓展思考

1. 在异文化教学中，教师如何看待并积极应对所谓“问题学生”的存在？这反映了教师应具备的哪些跨文化素养？

2. 针对大班低年级学生的中文教学，教师可以采取哪些有效的课堂管理技巧来维持课堂纪律和秩序？案例中引入“流动纪律委员”等方法对不同文化背景的学生是否都适用？

案例 46 中国和英国教育体制

教学地点：英国　教学对象：海外中文教师

每当我走进所任教的孔子学院，都能看见十分醒目的中文宣传语“有教无类”。这是孔子提出的教育思想，出自《论语・卫灵公》。“有教无类”的本义：不分贵族与平民，不分国界与华夷，只要有心向学，任何人都可以入学受教。言简意赅的四个字，一直是我主动了解英国教育体制的动力。

与国内的国际中文教育不一样，在海外中文教学中，一名中文教师同时承担多个不同班级的教学任务。我所任教的城市，汉语学习人群包括幼儿园小朋友、小学生、初中生、高中生、大学生、社会工作人员等六大类，教学对象的年龄跨度大，所设班级种类多样。这也是大多数从事国际中文教学的老师们遇到的共性问题。虽然教学对象不同，但是他们所受教育的大环境是相似的，那么对中文教师而言，在课前了解英国教育体制是很有必要的。这不仅可以促进教师与不同类别的学生沟通交流，也可以帮助教师对比中英教育体制的不同，从而改善固有的、传统的中式教育方法，更有针对性地进行汉语教学。

大部分中文教师都会在课前主动了解英国的教育体制。尽管阅读中文版的英国教育体制是个不错的选择，但是接触真实的英语环境后，才发现从中文版的英国教育体制阅读材料中获取的知识是远远不够的，我们仍然感觉力不从心。其中一个原因是很多地道的英式表达和我们自己所认为的英文表达是大相径庭的，因为很多中国人学习的是美式英语，而美式英语和英式英语是有一定区别的；另一个原因是阅读中文版的教育体制，只能让我们对此有一个模糊的概念，所以我建议大家在课前尽量阅读英式英文版本的英国教育体制。

下面是我根据个人的教学经历和阅读理解，概括成的中国和英国教育体制对照表。

<table>
<tr><th colspan="3">英国</th><th>中国</th></tr>
<tr><td>Nursery</td><td colspan="2"></td><td>学前教育（托儿所）</td></tr>
<tr><td rowspan="7">Primary Education（age:5–11）</td><td rowspan="3">Infant School</td><td>Reception（age:4–5）</td><td rowspan="3">幼儿园</td></tr>
<tr><td>Year 1</td></tr>
<tr><td>Year 2</td></tr>
<tr><td rowspan="4">Junior School</td><td>Year 3</td><td rowspan="6">小学</td></tr>
<tr><td>Year 4</td></tr>
<tr><td>Year 5</td></tr>
<tr><td>Year 6</td></tr>
<tr><td rowspan="5">Secondary Education（age:11–16）</td><td rowspan="5">High school</td><td>Year 7</td></tr>
<tr><td>Year 8</td></tr>
<tr><td>Year 9</td><td rowspan="3">初中</td></tr>
<tr><td>Year 10</td></tr>
<tr><td>Year 11</td></tr>
<tr><td rowspan="2">Secondary Education（age:16–18）</td><td rowspan="2">Sixth form</td><td>Year 12</td><td rowspan="2">高中</td></tr>
<tr><td>Year 13</td></tr>
<tr><td rowspan="3">Higher Education（age:18）</td><td rowspan="3">University or College</td><td>First Degree（3 years）</td><td>大学本科（4 年）</td></tr>
<tr><td>Master’s Degree（1 year）</td><td>硕士学位（2–3 年）</td></tr>
<tr><td>Doctor’s Degree（3–5 years）</td><td>博士学位（3–6 年）</td></tr>
</table>

从表中可以看出中国和英国在教育体制上的异同点。在英国从事中文教学的教师可以对比当地的教育体制，因材施教设计相对应的教学活动。对我个人而言，了解当地的教育体制还可以拉近与学生及当地老师的距离，更好地组织教学。韩愈的《师说》云：“师者，所以传道授业解惑也。”对于即将成为或已经成为真正“师者”的新手教师们，认真了解教学对象及其所适用的教育体制是必要之举，国际中文教育亦是如此。

案例分析

教师和学生是教学过程的两大主体。了解学生的信息，把握他们的特点，适应当地教学习惯，尊重当地教学制度，这些都是国际中文教师在教授语言之前必做的准备。兵法有云：“知己知彼，百战不殆。”虽然师生关系不是敌对关系，但是在处理任何一种人际关系时，越详细地了解对方的信息，就越能够找到恰当的方式去赢得良好的关系。国际中文教师的海外教学，本身就是一场跨文化的大型人际交际活动，教师需要了解的不仅是学生个体，还有学生的学习背后所反映出的文化。

“有教无类”是孔子提出的一条影响深远的教育理念、教育思想，而这个思想理念也很好地被英国人践行着。通过案例中的教师对当地教学情况的介绍，我们可以得知：在英国，学习中文的学生大到社会人士，小到牙牙学语的孩子。这样巨大的年龄跨度，一方面反映出英国人学习中文的积极性很高，有着活到老学到老的积极态度；另一方面也反映出海外中文教学的难度大。因为，即使教授同一课的内容，也需因教学对象的不同而使用不同的教学方式。无论是从客观年龄、学习动力来说，还是从接受能力、思维习惯和学习方式来考虑，教师对教学方法的选择都应根据学生的实际情况进行调整。比如，在儿童班十分吃香的“萝卜蹲”游戏，在成人班就变得索然无味；在学生年龄相仿的班级最火热的“比比谁最快”，在学生年龄差距大的班级就只能引来零星的几个回应声。

除了学生的个体差异，学生学习背后所反映出的文化，也是教师们需要留意的。如本案例中的教师就细心地将英国与中国的教育体制进行了对比。根据两国教育体制的不同，在英国任教的中文教师对教学的内容、进度和方式也需要进行相应的调整。只有充分了解这些信息后，我们在安排课程和教学大纲时才能拥有更全面的视角。

国际中文教师漂洋过海到达异国他乡，绝不仅仅是做简单的语言输出工作。只有了解、熟悉和适应当地文化，才能为语言的课堂教学、教材编写、教学大纲制定等提供最合适的策略，真正做到有教无类、因材施教。

分析拓展

海外的汉语课堂与国内的汉语课堂有诸多不同。学生年龄差距大，水平参差不齐等，都是海外汉语课堂中常见的问题。因此，了解教学对象和教学对象背后的文化，成为处理课堂问题的关键切入点。

以巴西为例，在巴西的课堂上，常常可以看到教室里既有像皮猴子一般的高中生，也有白发苍苍的老年人。巴西是一个十分推崇语言学习的国家，一位在巴西任教的国际中文教师所在的学校就已开设了包括汉语在内的 5 种外语课程。在已经掌握了 3 门语言的基础上，班上的许多学生还在学习新的语言。这种学习语言的积极性和动力让人十分佩服。与此同时，退休后的老人因为没有抚养第三代的压力而生活安逸轻松，学习新知识和扩大社交圈，自然也成为他们生活的重要组成部分。然而，这样的课堂曾经让人非常头疼，因为初、高中学生太活跃，往往不专心，他们课堂上接受得慢但课后吸收得快；成年人自我约束能力强，学习认真，课堂上接受得快，可是遗忘得也快，发音还常常不标准。这样的情况在巴西比比皆是，初出茅庐的中文教师选择向更有教学经验的教师寻求帮助，以平衡其课堂。结合其他教师的建议，中文教师对课堂练习的模式进行了一定的调整，对初、高中生实施简单的替换练习，对成年人多实施创造性练习并强调语音练习。总之，面对棘手的问题，我们并非束手无策。我们要多向当地人和有经验的教师请教，具体问题具体分析，很多困难就能迎刃而解。

不同国家的民众有不同的宗教信仰、饮食爱好、衣食住行、风俗民情，肯定也有不同的学习风格，这些都属于文化的一部分。有时候，我们常常会忘记学生的学习习惯、学习风格，当地教学安排、教育体制和学校教学规章制度等同样也是文化的一部分。而这部分其实更贴近我们的教学生活，也更能帮助我们提高教学质量和教学效率。因此，无论教学对象的年纪大小、身份高低、国籍何处，作为国际中文教师的我们都应先从文化入手，了解对方也了解对方的文化，然后再选择恰当的教学方法，建立和谐的师生关系，真正做到有教无类。

拓展思考

1. 在海外从事国际中文教育工作，经常会面临学生年龄、学历、身份等相差较大的情况。在开始正式教学前，教师应该注意哪些方面？

2. 初入班级的第一课，你发现学生的实际水平与你的教学计划不一致，你该怎么办呢？

案例 47 英国的学校管理制度

教学地点：英国　教学对象：海外中文教师

来到英国教中文，让我感受最深的是：英国的学校管理制度真严谨！做事情必须按照流程来，有可能效率不高，但必须遵守。每个国家都有其文化的“潜规则”，每个地方也都有它自己的“潜规矩”，英国的中小学当然也不例外。因此，作为中文教师就需要“Do as the Romans do”（入乡随俗），这里的“俗”指的是英国学校里的管理制度。

1. Reception

Reception 是指接待处。一开始我想，接待处咱们中国也有，没有什么不一样的，直到去了英国学校我才意识到，接待处（Reception）在中文字面上的解释和英文真实所表达的意思是有差距的。出于对校内学生及教师安全问题的考虑，英国每一所学校都设有 Reception，设置在一进学校的前台或者房间门口。外来人员一律需要登记，每次到达学校第一件事就是登记（sign in）：姓名、所属单位、入校理由、入校时间；下课离开学校时必须做的也是登记（sign out）：签名、离校时间。

2. Visitor

在英国，构成学校的成员大致分为三类：staff（教师以及其他员工），students（学生），visitor（外来人员）。在入校登记时，Reception 的工作人员给每一位外来人员（visitor）发一张卡片，离开学校时需要归还。之前由于对英国的学校管理制度不熟悉，我想当然地把这张卡片叫做“visitor card”，对学校工作人员说：“Can I get a visitor card？”（可以给我一张访客卡吗？）工作人员听完后一脸疑惑，后来我才发现英国人称之为“badge”，而非“card”，这也是我对英国学校管理制度不熟悉所造成的尴尬。

以下是我根据所任教的学校情况整理的，中文教师在英国中小学需要遵守的主要制度：

第一，英国中小学规定，为保护未成年人的安全，中文教师上课时必须有1–2 名本校督导员陪同，甚至进入学校之后都需要有督导员一直陪同，未经允许不得擅自参观学校。

第二，中文教师必须有英国的无犯罪记录证明（DBS check）。

第三，未经允许，中文教师在学校里不得录像、录音、拍照。

第四，英国的学校都是禁烟区，学校的任何地方都禁止吸烟。

第五，在学校，教师和学生的厕所是分开的，因此中文教师只能去员工（staff）厕所，有的学校还专门设有外来人员厕所。

第六，部分学校规定，中文教师不能碰触学生的身体。例如，拍拍肩膀、握手等都不被允许，不能随意与学生交流。

第七，中文教师课间休息需要去员工室（staff room）。

需要注意的是，督导员在整个中文教学中起着至关重要的作用，他们可以辅助中文教师管理课堂秩序；可以协助中文教师了解学生的兴趣等学情信息；在课堂上遇到突发问题，他们可以提供及时的帮助；在学校遇到不理解的问题时，可以多向督导员请教。

3. E–mail

英国人始终坚持使用发邮件的方式来处理事情。与中小学教师沟通课程安排、确定具体的上课时间，都需要发送邮件，而不是直接打电话。

从上述三方面可以看出，英国十分重视对未成年人的保护，在学校管理制度上相当严谨。每位国际中文教师需要怀着尊重、理解、包容的态度看待中英学校间管理制度的差异，否则，在英国的中文教学将会与整个环境格格不入，教学的效果也可能不尽人意。

案例分析

案例中提到的英国学校管理制度，最突出的内容就是英国对学生在校期间安全问题的关注。无论是从源头杜绝安全隐患的拜访登记，还是在校期间教师与学生的相处模式等，都展现出英国学校管理制度的严谨和规范。初来英国的中文教师们接触这些校园文化时，可能会有诸多的不适应，毕竟与母语校园文化有一定差别。

在母语文化的长期熏陶下，人们往往容易形成对母文化的思维定势，并产生某种优越感，会不自觉地把母语文化模式当做衡量别的文化的标准。在没有获得异文化社会环境的实际体验时，只受到间接经验的影响，很容易对异文化产生偏见，正如该教师在面对英国人依旧使用“古老”的邮件方式进行信息交流时，会感到有些诧异和不习惯。毕竟在当代社会，无论是中国还是其他国家，QQ、微信（WeChat）、WhatsApp Messenger（WhatsApp）等社交软件都深度融入了人们的日常生活和工作交流。正是在这样的思维习惯和文化影响下，我们逐渐忘却了邮件的使用。但在国外，许多国家依旧频繁地使用邮件进行信息的传递和工作的接洽，因为邮件的正式性和法律效力都比其他聊天软件要强很多。当我们在接触到与母语文化有一定差别的新文化时，不应该下意识地用母语思维定势对新文化进行判定，而应多从新文化的角度去理解，这将帮助我们更好地理解和适应新文化。

因此，每一个国际中文教师到了新的国度后，要留出一定的新空间去接纳和适应新的文化。每一种文化都有它的优点，都值得我们学习。同时只有接纳当地文化，理解当地文化，它才会帮助我们进行更加顺利和谐的跨文化交际，达到事半功倍的效果。

分析拓展

文化的外延非常广，涉及人类社会的方方面面，因此需要我们留心观察。不同的国家都有自己特有的文化，即使是拥有相似文化背景的不同国家，有时候同样的行为举止也会有不同的含义。因此，在保留母语文化的同时，去学习适应当地文化，而不是武断地评判当地文化，就变得尤为重要。毕竟理解并接受当地文化是国际中文教师顺利进行教学的前提。

比如，我们常常做“OK”的手势，首先将大拇指和食指相扣，拱起形成一个圆环表示“O”，然后把中指、无名指和小拇指竖起表示“K”，表示“好的，没问题”。这似乎是众所周知的，是世界上十分通用的手势。然而，正是这个通常被认为全球通用的手势，在巴西却表示下流、粗鲁。因此，在巴西的中文教师无论在课堂上还是在生活中，都不会使用“OK”的手势，而是竖起大拇指表示称赞。可见，单凭意识里所谓的“全球通用”这样的概念，我们是不能顺利进行跨文化交际的。走进当地文化、理解当地文化，才能对跨文化交际中的行为进行正确识别和选择。

除此之外，有些国家看似有着相同的文化大背景，但在许多文化内容上都有着较大区别。例如，案例中提到英国教师不能接触学生的肢体，不能拍学生肩膀，也不能随意与学生交流等，这些制度的目的都是保证学生的安全。在巴西，情况大不相同。虽然巴西人也很重视对学生安全的保护，但如果一个老师在班级中不去拥抱一个学生，就会被认为是不喜欢这个学生。在巴西，点头问好、握手问好、拥抱问好、拥抱加贴面礼问好代表由低到高的不同亲密等级。因此在巴西，无论是学生还是老师，表达喜爱之情的方式非常直接——就是拥抱，所以肢体接触对巴西人来说是带有正面且积极的意义的。

如果我们固守我们的母语文化，或只用我们自以为是的文化信息去进行跨文化交际，期间必定会遇到一些阻碍。在有条件获得实际体验的基础上，我们应尽可能地多接触当地文化，在理解并适应当地文化后，可以尝试与母语文化或曾经熟悉的文化进行比较。这不仅有利于提高跨文化交际的质量，也可为其他国际中文教师提供宝贵的跨文化交际经验。

拓展思考

1. 跨文化交际专家 LaRay Barna 认为，把自己的文化规范误认为是他人也接受的文化规范，是跨文化交际的主要障碍。如果对于各种可能出现的分歧毫无警觉，没有认识到需要学习一套新的行动规则，那么可能会出现哪些问题？

2. 凯莉是一位英国教师，来到湖北武汉教英语。在她讲课时，学生认真记笔记，但没有人跟她互动、提问。她一直鼓励学生，但是没什么效果。所以她认为学生们对她的教学不感兴趣，非常沮丧。请评价一下这个情况。

案例 48　提高安全意识

教学地点：泰国　教学对象：海外中文教师

我有一个女同伴，我们一起赴泰国做中文教师志愿者。她被单独分配到一个学校任教，这个学校离她的住地有点远，她上班下班都要走一小段路。

有一天她下班回住地时，公路上开过来一辆皮卡车，皮卡车后面坐了一些男性工人。车子开过后，车上那些男的好像看出了她是外国人，开始盯着她看并对她指指点点地说些什么，不一会儿车就停了下来，有一个男的直接跳下皮卡车跑过来追她。她当时特别害怕，就跑了起来。看到路边有一个小卖铺，她连忙跑了进去，告诉里面的老板说有坏人在后面追她，请老板帮忙。老板出去看的时候，那个男人就悻悻地走开了。

回到住地她告诉我说，当时她腿都吓软了，但是内心非常清醒：这是遇到坏人了，一定要机智应对，不要硬碰硬。她第一时间想着逃离，但不能往偏僻的地方跑。她平时经常走这条路，所以知道路边有一个小商店。一直跑是肯定跑不过坏人的，于是她想到了跑去商店寻求帮助。

后来她把这件事告诉了学校的校长，校长就专门找了一个学生每天接送她。这以后再也没有出现过类似的事情了。

案例分析

我们知道，人是先有安全的意识，才会有安全的行为；有了安全的行为，才能保证最终安全。在海外从事中文教学的国际中文教师，一定要有安全意识，采取安全的行为。

本案例通过真实的故事告诉我们，遇到坏人时一定要机智地处理。这位中文教师志愿者具有很高的警觉性，在皮卡车上的坏人跳下车追她前，就已注意到他们的叫嚣举动。然而，一些教师志愿者缺乏安全意识，喜欢戴着耳机走路，这是极不安全的行为。戴耳机会降低我们对周遭环境的注意力和警觉性，如果有紧急情况发生，危险系数就更高了。除了警觉性外，案例中的中文教师还具有迅速的反应力，面对被坏人追赶的紧急情况，她马上选择躲进每天必经的小商店，寻求他人的帮助。如果当时中文教师有丝毫犹豫，后果可能不堪设想。

值得注意的是，该中文教师的工作地点距离其住地有点远，但她仍然独自一人上下班，这个行为本身说明了其安全意识不足。事实上，该中文教师应对其独自一人上下班可能遭遇的危险有所预判，并提前采取措施，避免发生不安全事件。后来，学校校长的做法其实也是非常正常的安全防护措施，只是这个措施应该提前采取，而非事后补救。

分析拓展

在海外从事国际中文教学，有时难免遇到一些不安全情况。身处异国他乡，中文教师一定要提高安全意识，检视自己的行为是否安全。只有足够的安全意识和安全行为，才能保证我们的安全。

如果真的遇到坏人，关键是保持冷静、提高警惕，并采取适当的措施。具体来说可参考以下安全行为：

一是保持冷静。遇到坏人时，尽量保持冷静，避免惊慌失措，有助于更好地思考和应对。

二是保持距离。尽量与坏人保持距离，避免与其发生接触。如果可能，迅速逃离现场或寻找人群躲避。

三是寻求帮助。遇到危险应及时求助，可以向周围人、警方或亲友寻求帮助。

四是学习自我防卫技能。学习一些基本的自我防卫技能，如攻击对方要害、打击对方关节等。掌握一些自我防卫技能可以帮助我们在紧急情况下自保。

五是不随意泄露个人信息。不要随意向陌生人透露自己的个人信息，如住址、电话号码等，以防被不法分子利用。

六是增强体质。保持良好的身体素质，有助于在面对危险时保护自己。

七是避免单独外出，尤其是夜晚。尽量不在夜间独自外出，特别要避免到人烟稀少或昏暗的地方。

八是提前告知家人朋友。在外出前告知家人或朋友目的地和预计返回时间，以便万一发生意外时，他们可以及时发现并提供帮助。

九是坚持人身安全第一原则。在大多数情况下，坏人的目的是劫财，因此建议中文教师，日常在往返学校和住处途中尽量不要携带过多现金。如果带了钱也别都放在一处，分散放置比较安全。更重要的是，当遇到紧急情况时，能用钱解决的就用钱解决，一定要坚持人身安全第一的原则。

拓展思考

1. 生活在异国环境中，需要对哪些安全隐患提高警惕？

2. 如果你在海外从事中文教学工作，上课地点离你的居住地有点远，而本学期安排的课都很晚才下课。你担心一个人夜里回家不安全，你应该从哪些方面进行协调？

案例 49　不翼而飞的钱包

教学地点：蒙古国乌兰巴托　教学对象：海外中文教师

在蒙古国首都乌兰巴托教中文的日子里，我体验到了异国他乡的生活与文化差异带来的种种新鲜感。然而，生活总是充满着不可预知的挑战，而我在乌兰巴托的一次小小遭遇，更加深了我对此的体会。

初抵乌兰巴托时，我和其他两位志愿者教师一起，由一位本地教师带着去配制家门的备用钥匙。那是一个典型的蒙古城市小巷中的店铺，简陋而不起眼。狭窄的小巷两侧排列着各式各样的小店，而我们要去的那家配钥匙的小屋更是隐藏在这些店铺之中，一不留神就会错过。

当我们一行四人站在小屋前等待时，周围的人群熙熙攘攘，其中有一个陌生男子引起了我的注意。他似乎对我们的存在感到好奇，也许是因为听到了我们用中文交谈的声音。在支付配钥匙费用的过程中，我没有察觉到任何异常，直到我们离开小屋准备继续前行时，我才突然发现钱包不见了。

那一刻，我的心猛地一沉。虽然损失的金额不大，但对于刚刚抵达这里不久的我来说，这无疑是个不小的打击。回忆起当时的场景，我怀疑是在那个陌生男子挤过我们之间时发生了什么。或许是他的动作太过自然，以至于我没有察觉到任何不妥之处。当时的情景历历在目，我甚至还能感受到那种被人流推搡时的轻微触碰，也许那时正是我钱包丢失的关键时刻。

这件事给了我一个深刻的教训：在陌生的地方，无论走到哪里都要小心谨慎。我们应该学会保障自己的财物安全，特别是在公共场所要格外注意。尽量不要让自己的财物暴露在外，避免引起不必要的麻烦。此外，在公共场合要保持低调，不要大声喧哗，这样可以减少成为潜在目标的风险。

尽管这次的经历让我有些沮丧，但我并没有因此失去探索这座城市的勇气。相反，它让我更加珍惜每一次经历，也让我学会了如何更好地适应和享受在国外的生活。我开始更加注重与当地人的交流，了解他们的生活方式，以及如何在这个新的环境中保护自己。我逐渐学会了如何在异国他乡找到归属感，同时也将这次小小的不幸转化为了一次宝贵的学习机会，让我的海外生活变得更加丰富多彩。毕竟，每一个困难都是成长道路上的一个小石头，只要我们能够从中吸取教训，这些小石头便能成为我们的垫脚石，帮助我们走得更远。

案例分析

财产安全是除人身安全之外，海外中文教师必须认真对待的一个问题，因为财产安全往往与人身安全密切相关。海外中文教师在教学之余，还需要适应全新的生活环境，面对各种未知的挑战。本案例讲述的钱包丢失事件，正是国际中文教师在海外日常生活中发生概率最高的财产安全问题之一。

本案例揭示了国际中文教师在陌生环境下保持警惕的重要性。首先，从一开始，中文教师就应该对周围环境的变化保持高度警觉，尤其是那个陌生男子对中文教师一行表现出过分关注时。其次，在取出现金后，中文教师应立即再次确认钱包的安全性，而不是在事情发生后才后悔莫及。如果当时中文教师能更加警觉，或许就能及时发现问题所在，并迅速采取行动。

因此，在海外生活时，我们首先要提高自身的警惕性。无论身处何种环境，我们都应随时留意身边的动态变化，特别是对于陌生人表现出的不同寻常的兴趣要尤其警觉。其次，我们需要培养一种“多留一个心眼”的习惯。比如，在上述案例中，在三个人站着已经显得十分拥挤的狭窄空间里，那个陌生男子穿行而过时为什么不打招呼，而是直接挤过来呢？如果当时中文教师能够多想一步，就会意识到这种行为背后的异常，从而有机会在第一时间检查背包里的财物，把握住追回财产的最佳时机。

此外，海外中文教师在面对类似情况时，还应该学会如何妥善处理突发事件。一方面，我们需要加强自我保护意识，学习一些基本的防范技能；另一方面，我们也应当了解当地的法律法规和社会治安状况，以便在遇到问题时能够快速、有效地寻求帮助。只有这样，我们才能在保障自身安全的前提下，更好地完成海外教学任务，为促进中外文化交流贡献自己的力量。

虽然在海外遭遇盗抢事件并不是愉快的经历，但我们应该相信，只要我们始终保持清醒的头脑，提高自我保护意识，就能有效避免类似的财产损失，从而更好地融入当地社会，享受海外生活带来的乐趣。同时，这也提醒每一位海外中文教师，在异国他乡，除了做好教学工作外，更要时刻关注自身安全，做到防患于未然。

分析拓展

虽然财产安全需要多留心、多注意，但对此问题各位中文教师也无需过于担心，因为我们只需谨记出门低调、多留心观察，就可以避免此类麻烦找上门。以下是可供海外中文教师参考的一些安全策略。

首先，出行时不戴耳机听音乐，保证眼观六路、耳听八方。这是一个非常重要的安全策略。根据认知心理学的研究，人类的大脑在处理信息时有一定的容量限制，这意味着如果我们专注于某一项任务，那么我们就可能无法同时注意到其他潜在的危险信号。例如，当我们戴着耳机听音乐时，我们的听觉被音乐占据，我们因此减少了对外界声音的感知能力。因此，保持对周围环境的全面感知是非常关键的，这不仅有助于我们及时发现潜在威胁，还可以让我们在遇到紧急情况时迅速做出反应。正如社会心理学家指出的那样，人们在公共场合保持警觉，可以有效降低成为犯罪目标的可能性。

其次，在路上行走时，不要长时间手持手机。现代科技的发展使智能手机成为我们日常生活不可或缺的一部分，但它也可能成为安全隐患。曾有前任中文教师志愿者分享过一个惨痛的经历：某位教师在巴西等红绿灯时接了一个电话，结果被坏人直接从手里抢走了手机，只留下还没来得及反应的他傻傻地站在路口。手持手机，不仅分心，也容易给抢匪树立目标。如果真的需要使用手机查找地图或者回复信息，可以让身边的伙伴帮忙留意周围的情况，以便如果有人频频看向自己或者直直地盯着自己，伙伴可以立刻作出提醒。如果单独出行，可以到最近的便利商店去接电话或者查看手机。这样做不仅能避免引起不必要的注意，也能在一定程度上保护自己的人身安全。

此外，我们还可以利用现代技术手段来提高安全性。例如，开启手机的位置共享功能，与信任的朋友或家人共享位置信息，这样，即使遇到紧急情况，他们也能迅速定位到我们的位置。同时，也可以下载一些紧急求助应用，有了这些应用，我们可以在危急时刻一键发送求救信息给预先设定好的联系人，从而获得及时的帮助。

最后，建议中文教师家里不要放置过多现金，以免遭遇入室偷盗时造成不必要的损失，这一点尤为重要。在很多国家和地区，现金依然是主要的交易媒介之一。然而，大量的现金存放家中不仅容易吸引小偷的注意，也会增加财产被盗的风险。为了避免这种情况的发生，最好将大额现金存入银行账户，并且定期检查家中门窗的安全性。安装可靠的防盗门窗以及监控摄像头，可以大大提高家庭的安全系数。同时，也可以考虑购买保险，以减轻意外损失带来的经济负担。

总的来说，只要我们遵循一些基本的安全原则，如保持警惕、低调行事、合理使用科技手段以及合理安排财物存放方式，就能大大降低在海外遇到财产安全问题的概率。这样，我们不仅可以更好地享受在异国他乡的教学和生活经历，也能为自己和家人创造一个更加安全、和谐的环境。

拓展思考

1. 在公共场所需要注意哪些细节以防范小偷？一旦发生财物损失，应该如何寻求帮助？

2. 在国外生活，很少使用手机支付，常常需要携带现金出门。假如你所在的地方治安管理不是很好，你该怎么做？

案例 50 住宿生活安全问题

教学地点：巴西 教学对象：海外中文教师

我有一个朋友，也是中文教师志愿者。她人很好，但就是做事粗心。我们一起在海外从事国际中文教学时曾一起住宿。有一次她用烧水器烧水后忘了关电源，结果烧水器里的水都烧干了，烧水器也烧坏了，万幸的是没有发生触电事故。还有一次，她自己一个人先回宿舍，进门之后却忘了关门，直到我和其他中文教师晚上下班回去后才发现宿舍大门原来一直敞开着！这样忘记关门的事情还不止一次。因为我们几位中文教师上课的时间不一样，有一天早上她离开宿舍时，我和其他几位室友都还在睡觉，等我们起床后发现她走时竟然没有关门！想想都觉得后怕。万幸的是，这两次忘记关门的事件都没有造成损失。

虽然上述事件都是小事，但有时候小事也关乎着自己和他人的生命和财产安全，所以一定要重视起来。我们在异国他乡从事中文教学时，每次出门之前一定要检查一下室内所有水、电、门窗是否关好，特别是一个人居住时更要留心。当然，几个人一起住宿的也要好好检查一下，因为这不仅是对自己负责，更是对他人负责。

案例分析

在海外从事国际中文教学的教师们，除了要适应中文教学的课堂生活，也要适应非课堂教学的社会生活，这是课堂教学生活的前提和基础。住宿就是一种重要的非课堂教学的社会生活。外派异国他乡的中文教师在住宿问题上通常会遇到三种情况：第一种是独自一人住在工作单位安排的宿舍里；第二种是几位中文教师一起住在一个稍大的共用客厅和餐厅等的套房里；第三种是租住在当地人家里，这种方式也可能会叠加同一个学校的中国同事一起租住的情况。

案例中反映的烧干了水和忘记关门的住宿问题，实际上都是很严肃的问题，因为万一发生意外，可能就是致命的。这些都是生活中最容易发生，也最容易引发事故的事件。俗话说得好，在家千日好，出外一时难。在异国他乡的环境里，我们只能倍加小心，养成注意安全的习惯，日常生活中对于水、火、电、天然气以及门窗，都要习惯性地定期检查。尤其是出门前，更要走到这些东西面前一一检查后再出门，而不能只在脑海中将所有的事物过一遍，否则，可能会酿成无法挽回的损失。我们一定要多加小心，在源头上掐断所有事故发生的可能性。

分析拓展

由于不同国家的情况不同，任教于不同国家的中文教师的住宿条件也不一样。如果是在巴西任教，住宿生活方面需要注意以下问题。

1. 水、电、火、天然气的安全问题。出门前请务必检查炉子上是否在烧水，天然气在非烹饪期间是否关闭。出远门前要检查大型家电的插座是否拔掉。

2. 蚂蚁问题。在巴西，出镜率最高的昆虫不是蚊子，而是蚂蚁。尤其是在老房子里，蚂蚁永远是你最亲热的“伙伴”。地面上、水池上、灶台上、案板上、墙面上，甚至桌上、床上都有它们的身影。它们总是成群结队、密密麻麻地出现。不仅如此，巴西的蚂蚁可怕到还会跟人抢食物，在拆封的饼干上集结队伍，甚至还会躲在被子里半夜把人咬到痛醒，第二天被咬的地方还会红肿。对付巴西蚂蚁的唯一办法就是找当地人请教，让当地人帮忙买消灭蚂蚁的药剂，还给自己一个平安的生活环境。

3. 门窗问题。在巴西，除了在圣保罗、里约等大都市，大部分地区的民房还是以低矮的小房型为主。以一位在巴西任教的中文教师为例，她和邻居的阳台都是露天的，中间只有一面 2 米高的墙，这意味着邻居随时可以借助阳台的水池翻进中文教师的家，因此，中文教师家里从阳台通往房间内部的门就变得十分重要了。无论是睡前还是出门上课前，中文教师都必须检查这道门是否反锁好。为了确保锁了大门，中文教师会在门口多停留几秒，让大脑有记忆的时间，然后再用手拉一拉门，确定门是锁好的状态再离开。

拓展思考

1. 来到一个新的生活环境和居住环境，要注意哪些方面的问题？

2. 如案例中的情况，和你同住的室友比较粗心，时常出现安全隐患，你们该如何解决这个问题？

案例 51 社交安全防范

教学地点：泰国　教学对象：海外中文教师

泰族是一个总体性格友善而又活泼的民族，也是一个爱喝酒的民族。特别是男生，平时没事就喜欢约酒，男老师是这样，男学生也是这样——经常能在 Facebook（脸书）上看到一群中学生在一起聚餐喝酒。虽然泰国人不像中国人一样有劝酒的习俗，但他们喝多了也一样醉，醉了就会放飞自我。因此，中文教师们在这方面一定要注意安全，要远离聚众喝酒的人，以免发生意外。

事情是这样的，当时我所任教的泰国学校成立五十周年，学校办了一个校庆活动，邀请了许多校友。在泰国这样的庆祝宴会一般安排在晚上，学校不仅提供食物，还会邀请乐队来表演。庆祝宴会刚开始时，大家都比较清醒，但是喝了酒后，大家逐渐变得疯狂，开始放飞自我了。老师和学生们开始跳起了泰式“尬舞”，有一位老师也拉着我去跳，但我不太会跳这个舞蹈，完全跟不上。我一边跳一边学，不一会儿，就有一些喝得有点醉的男生凑过来跟我一起跳。跟我一同来的其他老师也喝得有点忘乎所以了，只顾着自己跳舞，没有察觉我这边的情况。由于跳得太尴尬，不一会儿我就自己下场了，找了个清静的地方坐着。

最后晚会差不多要结束时，我和我的泰妈（当时对我特别照顾的一位老师）就准备回去了。就在我们陪校长夫人等校长过来跟我们一起回去时，两个男生走了过来，其中一个已经喝得很醉了，对我说他也是这个学校的校友。他问我是哪国人，叫什么名字，说着说着就开始伸手来拉我。泰妈见势不对，便一把推开他的手，并让他旁边的朋友把他拉走了。事后回想这事，要是当时没有一个清醒的泰国老师在我身边，情况不堪设想。后来我还听说这次聚会上有人借醉打架。我暗自庆幸这次有泰妈帮忙之余，也悄悄告诉自己：以后参加这样的聚会最好还是和没有喝酒的本土中文教师呆在一起，以保安全。

案例分析

亚洲文化圈在文化上都是比较传统的，特别是像泰国、尼泊尔、巴基斯坦等宗教国家，饮酒在不同程度上都是被禁止或被限制的。泰国作为一个佛教国家，法律上规定年龄不满 20 周岁者不准饮酒。即使符合年龄限制的饮酒者也要注意饮酒的场合，例如，随身拿着酒瓶子走在大街上喝酒的行为是绝对禁止的。这种不文明的饮酒行为在泰国的任何地方都会被视为“耍酒疯”。此外，在泰国，一定要注意不要在公园、寺庙前等敏感的公众场合喝酒，也不要在特殊的佛教节日里买酒或者饮酒，这些都会被视为对宗教的亵渎、对他人的不尊重。这些是基本常识。

本案例的中文教师初赴泰国，本来就还没有完全适应泰国人民活泼外向的民族性格，更不知道在“尬舞”这样的聚会场合应该怎样处理与泰国人的身体距离问题。不同民族的文化之间有差异，有些行为可能只是当地人民表现热情的方式，本身并无恶意。虽然大多数普通民众都是热情善良的，但也不能排除部分行为举止猥琐的坏人的存在，这一点不分国籍。在酒精的刺激下，难免会有人放飞自我，把握不了分寸。因此，中文教师，尤其是女性中文教师，更应该注意自我保护。

分析拓展

针对初到一个国家任教的中文教师，有以下建议：

1. 尽量多去了解该国、该地的风俗文化，包括生活方面的种种礼节和禁忌。

2. 如果参加聚会，去之前要先确认聚会的环境特点和与会人员信息，以及确保同行人的身份和人品。最好不要孤身一人参加，尽量保证有可靠的人陪同。

3. 在聚会上要对陌生人提高警惕，保持适当的身体距离，遇到紧急情况时要向他人求助。

4. 中文教师们外出要在天黑前回到住处，晚上不要独自一人在外行走，不要独自一人去偏僻的地方，要加强安全防范意识。

拓展思考

1. 国际中文教育志愿者在海外工作，和朋友聚餐时，如果遇到饮酒的情况，应该注意哪些方面?

2. 假如你在海外教学，所在的国家大部分人都不饮酒，学生看到课本上介绍“喝酒”的话题，问你:“老师，中国人喜欢喝酒吗?”你会怎么回答?

参考文献
REFERENCES

（一）著作类

[1] 埃利特 . 案例学习指南：阅读、分析、讨论案例和撰写案例报告 . 北京：中国人民大学出版社，2009.

[2] 陈琪，倪慧君 . 国际汉语教学从这里开始：中小学国际汉语教学案例与分析 . 北京：北京大学出版社，2019.

[3] 陈莹 . 国际汉语文化与文化教学 . 北京：高等教育出版社，2013.

[4] 程棠 . 对外汉语教学目的、原则、方法 . 北京：北京语言大学出版社，2008.

[5] 胡小勇 . 案例研究的理论与实例 . 南京：南京师范大学出版社，2008.

[6] 黄晓颖 . 对外汉语课堂教学艺术 . 北京：北京语言大学出版社，2008.

[7] 江新 . 对外汉语教学的心理学探索 . 北京：教育科学出版社，2007.

[8] 姜丽萍 . 对外汉语教学论 . 北京：北京语言大学出版社，2008.

[9] 蒋小棣 . 汉语国际教育硕士专业课程设置研究 . 北京：世界图书出版公司北京公司，2009.

[10] 孔子学院总部 / 国家汉办 . 国际汉语教师经典案例详解 . 北京：人民教育出版社，2018.

[11] 李珠，姜丽萍 . 怎样教外国人汉语 . 北京：北京语言大学出版社，2008.

[12] 廖建玲 . 国际汉语教学设计 . 北京：高等教育出版社，2013.

[13] 刘珣 . 对外汉语教育学引论 . 北京：北京语言大学出版社，2000.

[14] 盛炎 . 语言教学原理 . 重庆：重庆出版社，1990.

[15] 宋柔 . 对外汉语教学中的信息资源和信息处理 . 北京：北京大学出版社，2008.

[16] 王德春，吴本虎，王德林 . 神经语言学 . 上海：上海教育出版社，1997.

［17］王少非．在经验与反思中成长：案例开发与教师专业发展．济南：山东人民出版社，2008.

［18］吴勇毅．对外汉语教学法．北京：商务印书馆，2012.

［19］肖莉．汉语国际传播：教学法研究与教学案例分析．北京：中国戏剧出版社，2018.

［20］杨惠元．课堂教学理论与实践．北京：北京语言大学出版社，2008.

［21］叶军．国际汉语教学案例分析与点评．北京：外语教学与研究出版社，2015.

［22］殷思琴，许峰．中国政府奖学金本科来华留学生预科教育汉语词汇手册．北京：北京语言大学出版社，2023.

［23］赵金铭．对外汉语教学概论．北京：商务印书馆，2004.

［24］郑金洲．案例教学指南．上海：华东师范大学出版社，2000.

［25］周健．汉语课堂教学技巧 325 例．北京：商务印书馆，2010.

［26］朱勇．国际汉语教学案例与分析．修订版．北京：高等教育出版社，2015.

［27］DEWEY J. 我们怎样思维：经验和教育．姜文闵，译．北京：人民教育出版社，1991.

［28］DUFF P. Case Study Research in Applied Linguistics. New York：Lawrence Erlbaum Associates，2008.

［29］LYNN L E. Teaching and Learning with Case: A Guidebook. Chappaqua: Seven Bridges Press，1999.

［30］YIN Robert K（应国瑞）．案例学习研究：设计与方法．张梦中，译．广州：中山大学出版社，2003.

［31］YIN Robert K（应国瑞）．案例研究方法的应用．周海涛，等，译．重庆：重庆大学出版社，2004.

（二）论文类

［1］陈默，王建勤．汉语作为第二语言的口语产出韵律边界特征的个案研究．汉语学习，2008（4）.

[2] 崔希亮.汉语国际教育“三教”问题的核心与基础.世界汉语教学，2010（1）.

[3] 邓杉杉.汉语作为第二语言教学案例研究.武汉：武汉大学博士学位论文，2011.

[4] 邓杉杉.论汉语教学案例分析模式的构建.现代语文，2014（3）.

[5] 邓杉杉.汉语教学案例研究述评（1990-2011）.云南师范大学学报（对外汉语教学与研究版），2016（6）.

[6] 邓杉杉.论汉语教学案例的视频资源开发.汉语国际传播研究,2017(1).

[7] 丁雪欢.汉语作为第二语言学习者疑问句早期习得的个案研究.语言教学与研究，2007（2）.

[8] 缑瑞隆.认知分析与对外汉语示形量词教学：对外汉语量词教学个案研究系列之一.云南师范大学学报（对外汉语教学与研究版），2006（3）.

[9] 贺阳.汉语学习动机的激发与汉语国际传播.语言文字应用，2008（2）.

[10] 黄小苹.课堂话语微观分析：理论，方法与实践.外语研究,2006（5）.

[11] 江新，郝丽霞.对外汉语教师实践性知识的个案研究.世界汉语教学，2010（3）.

[12] 蒋霞.案例教学法在汉语国际教育专业中的应用.教育现代化，2019（59）.

[13] 靳洪刚.现代语言教学的十大原则.世界汉语教学，2011（1）.

[14] 李云霞.美国学生汉语课堂教学策略探讨.云南师范大学学报（对外汉语教学与研究版），2007（1）.

[15] 刘学惠，申继亮.教师认知研究回溯与思考：对教师教育之意涵.教育理论与实践，2006（6）.

[16] 卢伟.菲律宾华裔青少年华语教育个案调查与分析.世界汉语教学，1995（2）.

[17] 彭小川.论“精讲活练”.语言教学与研究，2003（1）.

[18] 邱庆山.论语言词汇与民族文化的镜像关系.昆明理工大学学报（社会科学版），2008（10）.

[19] 邱庆山.面向不同来源的国际汉语师资培训教材编写初探.大理学院学

报，2012（11）.

［20］邱庆山．积极塑造良好的个人语言景观．中国社会科学报，2024-07-17.

［21］邵光华．教师教育中的案例教学法研究及其启示．高等师范教育研究，2001（5）.

［22］单韵鸣，安然．华裔学生汉字书写特征的个案研究：基于与非汉字圈学生的比较．华文教学与研究，2010（2）.

［23］施家炜．韩国留学生汉语句式习得的个案研究．世界汉语教学，2002（4）.

［24］孙德金．教育叙事研究与对外汉语教师发展：《北京语言大学对外汉语教学名师访谈录》编后．世界汉语教学，2010（3）.

［25］孙芊．《湖北大学汉语国际教学案例库》的构建策略和使用研究．武汉：湖北大学硕士学位论文，2020.

［26］温晓虹．汉语为外语的学习情感态度、动机研究．世界汉语教学，2013（1）.

［27］文秋芳，王立非．二语习得研究方法35年：回顾与思考．外国语，2004（4）.

［28］颜婉琳，李柏令．建构主义学习理论指导下的汉语个别教学案例研究．现代语文，2006（8）.

［29］杨光富，张宏菊．案例教学：从哈佛走向世界——案例教学发展历史研究．外国中小学教育，2008（6）.

［30］殷思琴，许峰．基于来华留学生讲中国故事的传播内容研究．神州学人，2022（4）.

［31］张西平．世界汉语教育史的研究对象与研究方法．世界汉语教学，2008（1）.

［32］赵金铭．对外汉语教学法回视与再认识．世界汉语教学，2010（2）.

［33］郑金洲．案例教学：教师专业发展的新途径．教育理论与实践，2002（7）.

后 记 POSTSCRIPT

编著一本国际中文教育案例集，是我们在国际中文教育教学实践中自然萌生的一个梦。现在，随着这本《国际中文教育教学案例解析》的编著完成，这个梦终于成真了！但是我们仍然深感不安，不仅因为我们深知自身的水平有限，在案例的取舍、正文分析、分析拓展、拓展思考等方面仍存在许多不足，还因为国际中文教育教学涉及众多国家和地区的不同人群，我们编著的这些小案例，难以直接应对不同国家和地区的全部中文教育教学需求。不过让我们略感欣慰的是，我们选编分析的这些小案例可以以小见大，能够以小问题促发大思考。这些思考也是很有价值的，也是我们想要达到的目的。在某种意义上，这些目的的达成，能够消解我们内心的一些不安。这本书最初定名为“小问题大思考——国际中文教育案例 360 度解析”，正是我们上述设想和目的的体现。

编著完成这本教材，也是团队协作的结果。主编邱庆山（湖北大学）制定了案例征集遴选方案和案例深加工体例说明；主编王秀云（西华师范大学）编写了案例正文分析和分析拓展的样例；副主编马晓娟（湖北大学）、殷思琴［湖北大学 / 中国地质大学（武汉）］、王宇缙（天门市委党校 / 湖北大学）、孙芊（南昌天行创世纪学校 / 湖北大学）协作编校案例正文、撰写正文分析和分析拓展；殷思琴校对了初稿并编制了拓展思考题；两位主编最后进行了统稿、修稿、定稿。

这本教材是湖北大学专业学位研究生“汉语国际教学案例库”建设项目、湖北大学高水平研究生教材建设项目、西华师范大学文学院三全育人项目的成果。本教材得以编写完成并顺利出版，为此我们要特别感谢湖北大学研究生院、湖北大学文学院、西华师范大学文学院的大力支持，感谢积极应征提交教育教学案例的国际中文教师及国际中文教育志愿者，感谢责任编辑程静老师的精心编校。国际中文教育教学案例涉及的内容广泛，对教育教学案例的全面、深刻解析也需要丰富多样的知识。因此，在编写过程中，我们参考了许多与国际中文教育教学案例分析相关的论著，并以客观、谨慎的态度吸收了其中认可度和接受度较高的观点和说法。我们在此对相关参考文献的作者致以衷心的感谢！

本书的案例均来自国际中文教育教学一线，是在教育教学实践过程中形成的，具有示范价值的，含有问题、疑难情境或能够反映某一国际中文教育教学基本原理的真实、典型事件。这些案例是宝贵的一手资料，以第一人称“我”的视角进行叙述，具有较强的可读性和代入感。案例中生动、形象的细节描写让读者身临其境，切实体会国际中文教师的酸甜苦辣，与他们一起经历，一起思考。

本书的教育教学案例一共 51 个，以点带面地展示了世界各地的国际中文教育教学情况。案例内容涉及不同层面的教育教学管理问题，主要有汉语语言要素教学、汉字教学、语言技能教学、汉语教学方法、汉语教学管理、教学环节、师生关系、中华文化传播、跨文化交际等多个方面；地域涵盖巴西、泰国、韩国、蒙古国、柬埔寨、英国、尼泊尔、缅甸、美国、越南等 10 个国家；教学对象从幼儿、小学生、中学生、大学生到社区成人；教学对象的汉语水平从零基础到初级、中级、高级。

本书能为国际中文教师的培养、培训以及国际中文教育专业本科生、研究生和教师的教学、研究提供案例资源；能为国际中文教育教学爱好者提供参考；能够帮助教材使用者思考国际中文教育教学的环境、原理、方法和成效。

最后需要特别说明的是，由于编著者自身水平有限，不足之处在所难免，敬请读者朋友批评指正！

谨为后记。

邱庆山

2024 年 6 月 6 日